给孩子的36招时间管理术

邢子凯 著

中国妇女出版社

图书在版编目（CIP）数据

给孩子的36招时间管理术 / 邢子凯著. -- 北京 ：中国妇女出版社，2022.3(2022.10重印)
ISBN 978-7-5127-2078-7

Ⅰ.①给… Ⅱ.①邢… Ⅲ.①时间－管理－儿童教育－家庭教育 Ⅳ.①C935②G782

中国版本图书馆CIP数据核字（2021）第262900号

给孩子的36招时间管理术

作　　者：邢子凯　著
责任编辑：李一之
封面设计：季晨设计工作室
插图绘制：汪乐伊
责任印制：李志国
出版发行：中国妇女出版社
地　　址：北京市东城区史家胡同甲24号　　邮政编码：100010
电　　话：（010）65133160（发行部）　　65133161（邮购）
网　　址：www.womenbooks.cn
法律顾问：北京市道可特律师事务所
经　　销：各地新华书店
印　　刷：北京通州皇家印刷厂
开　　本：165×235　1/16
印　　张：12.5
字　　数：120千字
版　　次：2022年3月第1版
印　　次：2022年10月第2次
书　　号：ISBN 978-7-5127-2078-7
定　　价：49.80元

推荐序一

养成时间管理的习惯

生命在时间中延展，而时间“永远向前”。时光如流水，或如白驹过隙，人们时常感叹时光转瞬即逝。“子在川上曰：逝者如斯夫，不舍昼夜。”四时变迁，过去不再重来。对现代科学而言，时间也是深邃而有力量的。牛顿将时间视为运动定律中的基本参照系之一；爱因斯坦认为时间具有“相对性”；霍金告诉人们“从大爆炸到宇宙”的“时间简史”。“时间之箭”是从何时射出的？时间是从无时间处产生的吗？人类能回到过去或到未来旅行吗？思考这些关乎存在的大问题时，时间正在一分一秒地过去，不以人的意志为转移。

时间是生命的标尺，我们应该珍惜岁月、把握时间，而非浪费时光、虚度光阴。时间管理是自我实现的重要方式，规划好有限的时间，才能平衡好对时间的需求，达到最高的效率，进而实现人生的愿景。时间管理不仅被视为高品质的生活理念，而且具体体现为一系列的方法，是追求卓越的人们自觉秉持的一种习惯。

这种习惯应当从小养成。“少壮不努力，老大徒伤悲。”这是人们在童年就懂的道理。我们每一次努力都是在时间中完成的。因而，时间也给人带来发展空间。如何在时间中塑造自己的一生，具有很强的个体差异。从小一起长大的朋友，长大后有不同的发展空间，从根本上说是在时间的延展中成为现实的。这既反映了人们的价值观和生活际遇的差别，也与人们的生活规划和时间管理有着非常密切的关联。

意识到时间管理的重要性，虽说在任何时候都不算晚，但还是趁早为好。“三春花事好，为学须及早。”当我们明了时间管理的意义，就要找到适合自己的提高时间管理能力的办法。对孩子们来说，养成时间管理的习惯并不容易，恰当的引导当然是必要的，这就要了解孩子们的所思所想，知道他们遇到的实际问题，和孩子们一起解决，帮他们做最好的自己。

子凯近年来在父母时间管理和儿童时间管理方面做出了一些有效的探索，她提出“让孩子做自己，做父母先学习”的主张，在新媒体平台成功推广了她的幼儿教育理念。曾经在中国人民大学哲学院就读的她有明确的问题意识，从时间角度思考幼儿教育的关键问题。在即将出版的这本书中，她以问题为线索，具体分析拖延、不专注、畏难、管不住自己、时间不够用、不爱学习、没毅力、脾气大等孩子们身上经常出现的问题产生的原因，思考解决这些问题的办法，提出儿童时间管理方面的一些有针对性的建议。这些分析、思考和建议对孩子们养成时间管理的习惯是有帮助的。这本写给孩子们的书，同样适合需要了解这方面知识的家长们看。

中国人民大学哲学院院长、教授　臧峰宇

推荐序二

高尔基曾说过，世界上最快而又最慢，最长而又最短，最平凡而又最珍贵，最易被忽视而又最令人后悔的，就是时间。时间管理，在当下是一个热门话题。

为人父母，很多人将殷切的目光投向孩子，希望孩子能够掌握自己的命运，走出精彩的人生。但是父母们普遍遇到了一些困境：孩子爱拖延，专注程度差，畏难情绪重，自律性不足，有些孩子甚至还对学习产生了抵触心理……究其根本，是孩子的时间管理能力尚有所欠缺。那么，我们该如何提高孩子的时间管理能力呢？这本《给孩子的 36 招时间管理术》，将是解决上述诸多问题的一剂良方，是打开自律大门的闪闪发光的金钥匙。

“时间是我的财产，我的田亩是时间。”从这句话不难看出时间的重要性。时间管理尤其重要，同样的时间内，懂得高效的时间管理的人会压缩时间，提高效益，整合琐碎的时间，让零散的时间也能产生更大的效益。想要知道时间管理的重要性，先要了解时间具有如下特性。

1．时间的供给量是固定不变的，在任何情况下都不会增加或者减少，每天都是 24 小时，无论你是富翁还是穷人；

2．时间不像人力、财力、物力和技术那样能被累积储藏，无论你愿不愿意，我们都必须消费时间，所以我们无法节流；

3．时间是任何活动都不可缺少的物质资源，具有不可代替性；

4．时间一旦丧失就永远丧失，金钱财产用光了尚可赚回来，但是时间若挥霍了，任何人任何情况都不可挽回。

我们都只有那么多时间，一天无法超过 24 小时。通过有效的时间管理，我们将会每一天比别人拥有更多的时间，比别人更快地成长，然后自己想要的生活也会随之而来。正因如此，在孩子小的时候便教会孩子时间管理的正确方法，无疑对孩子的成长大有裨益。

本书在九大章节中系统地分析了父母与孩子在管理时间时面临的困境，以案例分析和情景模拟的形式，深入洞察了孩子自我管理存在障碍的心理内因，并针对各个问题提出了行之有效的应对措施。本书选取的案例贴近生活，叙述语言通俗明快，堪称父母育儿的必修课、亲子成长的启明星。

本书的作者邢子凯，也就是大家所熟知的米来妈妈，从中科院发展心理学博士生，到米来未来教育集团创始人，她不仅将自己活成了自律的典范，用一项项成就丰富着自己的人生，更在育儿方面有着独到的见解，陪伴孩子共同成长、共同进步，引导孩子去规划自己的时间、规划自己的人生。我相信，她的 36 招给孩子的时间管理术，对万千家庭有着极大的借鉴意义。

请你打开这本书细细读，逐一击破孩子的学习痛点，教会孩子让学习事半功倍的时间管理法，助力孩子养成终身受益的时间管理习惯，和孩子共同解锁一段自律的人生旅程！

哈尔滨市第三中学副校长　吴霞

自序

致珍贵的读者

我是米来妈妈，很荣幸和您在这本书中相遇。

2011 年，我怀孕了，成了“准妈妈”。我这个曾经一直混沌着生活的人，此时才清楚地知道我的人生要往哪儿去。

我希望我的孩子长大后知道自己想做什么，我想让孩子从小就敢做自己。于是，我开始找寻一条培养孩子精神独立的教育之路。

我用儿女的名字“小米”和“小来”为我创办的幼儿园命名，以此明志，勿忘初心。于是，“米来未来”诞生了。为了遴选志同道合的家长，我开始举办“正面管教”家长公开课。因为“大小共学”这一理念，吸引了很多家长跨城来上学。创业这些年，我没有停下学习的脚步，攻读了发展心理学硕士和博士学位。从中国人民大学哲学系毕业后，先后在清华大学、北京大学斯坦福中心和长江商学院深造，获得了国家二级心理咨询师、国际正面管教导师、北美蒙台梭利认证教师等资格认证。讲课之余，我也热爱写作，作为作者和译者，至今出版了《超级父母时间管理术》《RIE 育儿法》《心早教宝典》《全脑教养法实战指南》等作品。

七年来，我培养了近千名想从事家庭教育传播工作的老师和父母，在网上回答了近万名家长的育儿难题。很多家长都留言，希望再详细展开讲一讲，父母怎样才能不用那么辛苦替孩子的学习和生活操心？如何从根本上改善孩子的时间管理习惯？怎样让孩子爱上学习？

孩子的时间管理难题深深困扰着大多数父母，作为父母的我感同身受。看到太多父母用尽各种各样的方法，但依旧毫无起色，孩子没有改变，变成了父母眼中的“熊孩子”，我特别着急。

为什么着急呢？

孩子看起来难以改变的时间管理的行为问题，背后究竟是什么原因呢？孩子拖延、不专心、没毅力等表现，不管大人用什么奖励和惩罚办法，都无法让孩子自觉起来，究竟是为什么呢？

是不易觉察的潜意识在阻碍孩子们改变。

表面看起来是时间管理的行为问题，背后却是孩子的心理问题，折射出的是亲子关系和家庭关系的综合问题。如果只针对孩子时间管理的行为解决问题，恐怕永远也无法移动孩子的心理问题这座“冰山”，只有从时间管理这个痛点入手，找到孩子潜意识的信念，以亲子关系和家庭关系作为突破口，从根本上去撬动孩子的心理杠杆。

遗憾的是，从冰山下入手改变，会慢很多。固结在孩子心里长年累月的信念不是那么容易融化，亲子关系也不是那么容易修复和连接，但我相信，只要你愿意相信我，拉着我的手，一起实践这本书中所有的方法，亲子关系会慢慢改变，孩子的行为自然就会改善。

在上万名家长提出的时间管理难题中，我归纳、整理了最常见的九大类难题，包括拖延、不专注、畏难情绪重、管不住自己、经常抱怨时间不够用、不爱学习、缺乏毅力、喜欢和父母对着干、脾气大。我总结了最适合家庭实操的三十六个方法，一起和孩子学会用“建立双轨道”“挖心理冰山”摆脱磨蹭；一起和孩子学会用“番茄甜点法”“钟摆蓄能法”找回属于自己的专注力；一起和孩子学会用“具身认知”“迭代思维”面对畏难情绪，找回属于自己的信心；一起和孩子学会用“镜像反射”“拿走锤子”找回久违的毅力。

这本书既是写给孩子的，也是写给父母的。因为孩子永远都会从至亲的人身上学到怎么度过生命中的每一天。

懂再多的道理，下再大的决心，都不如直接从自身入手来改变。来吧，让我们一起出发，开启时间管理的神奇改变之旅。我等着你和孩子的好消息。

目录

Chapter 3 孩子畏难怎么办

Chapter 4 孩子管不住自己怎么办

Chapter 5 孩子的时间总是不够用怎么办

Chapter 6 孩子不爱学习怎么办

Chapter 7 孩子做事没毅力怎么办

Chapter 8 孩子喜欢和父母对着干怎么办

Chapter 9 孩子脾气大怎么办

Chapter 1

孩子做事喜欢拖延怎么办

002

重视磨蹭事件中的情绪卡点

孩子天生急脾气，但奇怪的是，碰到特定的事会特别慢，比如写作业。怎么办？

忙完工作回到家的你，看到孩子还在摆弄铅笔、玩橡皮，未完成的作业就那么摊在桌上，你会怎么做？

Ⓐ 装作看不见，“爱写不写，明天被老师批评才好呢！”

Ⓑ 强压怒火催，“快点儿写呀，看看都几点了！”

Ⓒ 发火威胁，“写不完你别睡觉！”

家长们实在做不到像 A 选项描述的那样，眼睁睁地看着孩子在老师那儿失信、在班里留下“前科”，除非眼不见、心不烦，压根儿不想管孩子。大多数家长都会摩拳擦掌选择用 B 选项的方式唤起孩子对写作业的重视，但令人崩溃的是，越催越慢，最终活生生被逼成了 C 选项，引发剧烈的亲子冲突。

孩子为什么磨蹭？

拖延磨蹭表面上是行为问题，实则是情绪问题。如果孩子真的不想做，根本不会磨蹭，直接出去玩不就行了，为什么要坐在桌子前装模作样，这样多累！当孩子磨蹭时，恭喜你，证明他心里无比想做一个好孩子，想做好作业，但就是做不到，连孩子都没有意识到自己的情绪卡在“想做又不想做”的矛盾上。如果这时候我们只谴责孩子行为的“坏”，而看不到他多么想“好”的纠结情绪，就是在活生生把一个好孩子逼成坏孩子。

如果将孩子形容为一列正在行驶的火车，它安全到达终点的前提是需要两条轨道，一条轨道是知识技能的学习，另一条轨道是社交情绪的学习。

什么是知识技能的学习呢？

语文、数学、英语和现在流行的编程、STEAM、钢琴、冰球，应试教育也好，素质教育也罢，都是知识技能的学习。怎么写汉字、算数、写作文、弹琴、说英语等，这些知识技能的学习，随着互联网的普及，从网上可以找到好的资源。那么，孩子和孩子之间拉开差距最大的原因是什么呢？

我办学6年，走访了上千家国内外形形色色的学校，见证了上万名孩子不爱学习的原因，他们普遍缺乏另一条轨道——社交情绪的学习。

社交情绪学习有这么重要吗？

孩子在6岁前，如果没有建立社交情绪学习的轨道，只忙着在知识技能的这条轨道疾驰，家长听说别人家孩子认识几千个字、会加减乘除、会说英语，就忙着让孩子疯狂超前学习，不顾孩子的身心发育阶段性规律，等孩子上小学，开始大量学习知识时，就像火车突然提速，另一条轨道没有铺好，容易一下子就翻车。

我遇到过的年龄最小的厌学孩子只有5岁，当时她的妈妈心急如焚地找我帮助，告诉我孩子早上和家里人说，再逼她学习，就觉得活着没啥意思了。一个5岁的孩子，每天从早到晚，国学、数学、英语等补习班排得满满的，没有喘息的机会，在还没有上学的年纪，就已经丢掉了对世界的好奇、对学习的热爱、对家人的眷恋。假如她的家人不改变，等她上学那一天坐到教室里，望着黑板上的字、课本上的习题、身边的老师和同学，就算她已经掌握了小学一年级的知识点又怎么样呢？她已经在如此小的年纪就被打造成一台情绪压抑的学习机器了。

为什么至亲至爱的父母会忍心让这么小的孩子承受这么大的学习压力？谁不愿意让自己的孩子有个远离补课和刷题的游戏童年？

在家长课堂上，我经常请家长来扮演自己的孩子，在“写作业磨蹭”这个场景中，发现隐藏在孩子磨蹭背后的心声——爸爸（妈妈），我写作业磨蹭的真正原因，是我怕老师说我、怕同学嘲笑我，我怕我写错了你会难过。如果你听到了孩子来自“另一轨道”的声音，你会怎么回应呢？

Ⓐ 不愿意在其情绪上花费时间，“有什么好怕的，别废话了，快写完不就行了？”

Ⓑ 不愿意在其社交上花费时间，“你写完，老师不就不说你了吗？同学说你，你就当没听见呗！”

Ⓒ 愿意在其情绪上花费时间，“如果用 1 ～ 10 打分，你有多害怕，能告诉我吗？咱们做点什么会让你感觉好一些呢？”

Ⓓ 愿意在其社交上花费时间，“老师和同学说你的时候，你心里是什么感受，爸爸（妈妈）愿意听。”

家长越是不愿意在孩子的情绪和社交上花费时间，孩子越是在情绪和社交上浪费时间。小时候，我也是个怕老师批评、怕同学议论，写作业磨蹭的孩子。再小的孩子，也有情绪和社交的需求。

我在幼儿园带的是婴幼儿的亲子课。每次上课，经常会碰到不明缘由就开始哭的宝宝，旁边的父母急得直冒汗，不停地站起来、坐下、溜达，通过各种哄、拍、逗希望让宝宝停下来不哭，但不管怎么折腾，宝宝就是一直哭。

让所有父母惊讶的是，我带着他们做一个动作后，宝宝就会停止哭泣。哪个动作呢？宝宝哭的时候，缓缓移动过去，慢慢俯身，轻轻躺在宝宝的视线范围内，看着宝宝的眼睛，将手轻轻放在宝宝的胸口——不带压迫性，轻轻地说：“我听到了，我不知道你为什么哭，但我会在这儿陪你，直到你停止哭泣。”当宝宝安静下来，他们的父母都会觉得好神奇。

所有人都希望被关爱，这是人性最朴素的需求。爸爸妈妈，我也不知道我怎么了，就是想哭；我也不知道哪里难受，就是好想让你听我哭一会儿，哪怕就一会儿。——如果宝宝会说话，他们一定会这样说。

为什么那么笃定？

因为我们也曾经是孩子，也那样渴望被关爱——不是转移注意力让我不哭，不是狂拍我后背让我不安，不是急迫制止我哭泣。能让我释放一会儿，我保证，我一会儿就好。

每次听到大人允许宝宝哭一会儿的话，我都会莫名其妙地感动。全天下的孩子都希望听到这样有魔力的话，听到了才不会继续哭呢，毕竟，哭是一件多费体力的事！如果孩子们还没有光明正大发泄过情绪，又何谈控制呢？

管理情绪的第一步要先允许表达，这样才有管理的可能性。2002 年，联合国教科文组织发布了实施“社会与情绪学习”的十大基本原则，建议从幼儿园到高中阶段，将情绪学习纳入基本教育内容，并在全球范围内推广。而此标准中的第一个核心能力“自我认知”的第一项就是“识别情绪”。

如果孩子磨蹭拖拉，家长可以先花一点儿时间在识别情绪上。比如，我会拿着下面的图问我的女儿：“小米，你有什么感受？看看这些关于情绪的表情，你觉得哪一个最符合你的情绪？”

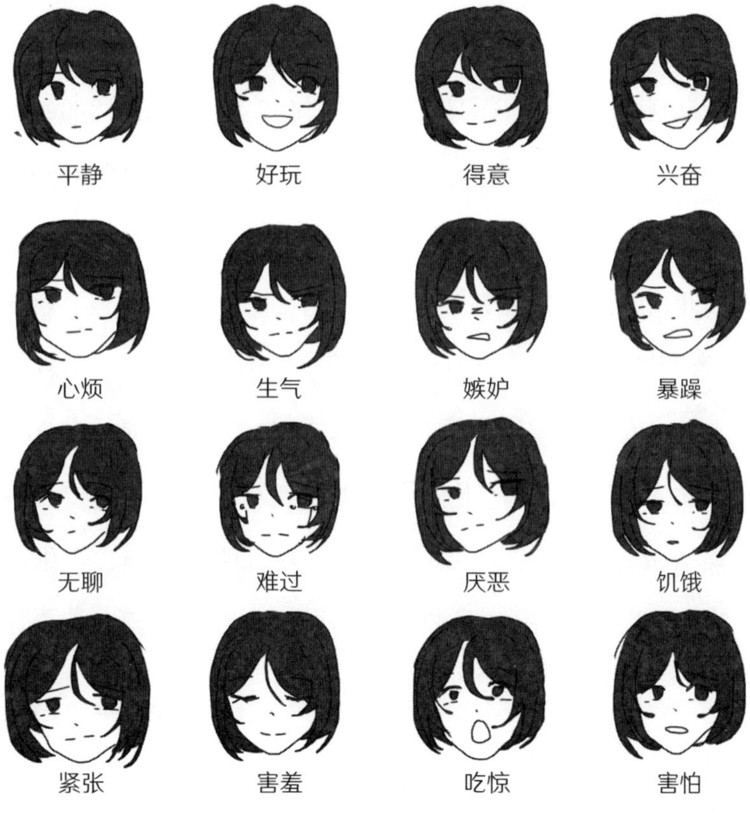

小米指了指害怕的表情。“如果用 0 ～ 10 来打分，你有多害怕？”我用手比画，帮助她理解害怕的强弱程度。她说有 10。“那么害怕呀，你可以和妈妈讲一讲，你到底在怕什么？”“我怕老师说我，我怕同学说我。”“还有呢？”她沉默了半天，突然说：“我怕自己做不好。”那一刻，我把她搂在怀里，她和我这个大人有同样的害怕——谁都怕做不好。

我对女儿说，我也怕做不好妈妈，比如我怕我的母乳不够你吃，我也怕因为第一次当妈妈，你觉得我对你不够好，我更怕我因为工作减少陪伴你的时间你不开心。女儿抬头问我：“那妈妈你是怎么好起来的呢？”我说：“每次妈妈抱着你，觉得在你眼里，我是那么好，然后我就好起来了。”于是女儿说：“那我也要抱抱。”抱完女儿，我发现她坐在桌子边哼着小曲，完成了作业，磨蹭拖拉没有了。果然，当有人听到你的感受，情绪就好了一大半。

当然，女儿磨蹭拖拉的习惯依旧存在，不同的是，我知道，除了知识学习这条轨道，还有另一条轨道决定了孩子的未来走向，那就是情绪。情绪这个心结打开了，才有解决磨蹭、拖延的可能性。所以，学习掌控情绪和学习知识相比同等重要。请用“双轨并行法”问问孩子磨蹭事件里的情绪卡点，写下你的发现和孩子的变化。

009

磨蹭事件

情绪卡点

你的发现

孩子的变化

深挖拖延背后的心理需求

孩子写作业动不动就拖到半夜，练琴弹几首曲子也要拖好几个小时，连洗脸、刷牙这些分分钟就能完成的小事，也得拖个把小时。孩子的拖延让我想不通，这么简单的事，至于拖这么久吗？这孩子怎么这么气人！

如果时光倒流，我们能回到童年，想一想，当我们还是孩子的时候，是不是一个不磨蹭、不拖延的孩子？

Ⓐ 是

Ⓑ 不是

很多父母一下子就被这个问题问住了，似乎忘记了童年时我们也曾经是一个让父母头疼的磨蹭小孩。回想一下，当你还是孩子的时候，你希望父母如何看待你的拖延？

Ⓐ 奖励，“乖，做完作业就给你买棒棒糖去！”

Ⓑ 惩罚，“再不快点儿写，今晚就别看动画片！”

A 选项，孩子都喜欢奖励，但不管奖励的是什么，时效性都比较短。孩子兴趣变化太快，奖品能勉强让孩子改变拖延一小会儿，用不了多久，拖延又会卷土重来。

B 选项，孩子都讨厌惩罚，不管惩罚的力度大小，无一例外都会激起孩子的恐惧。一旦恐惧感被激发，结果一定不会如父母所愿。这样非但治不好拖延，还容易激起孩子的逆反心理，残存的那一点儿意志力也会被吓跑。

别说孩子，大人也有拖延症，越是难的事，越容易拖延。既然从小孩到大人，不管成就高低、年龄大小，统统都在拖延，那么其中一定隐含着人性深处没有被发现的奥秘。

美国心理治疗师和家庭治疗师萨提亚认为，每个人的“自我”就像一座冰山一样，能被看到的只是表面很少的一部分，大部分藏在更深处、不为他人所见的海平面之下。

折磨人类那么久的拖延的背后到底是什么呢？

美国加利福尼亚大学资深心理咨询师简 · 博克和莱诺拉 · 袁花

了25年时间研究拖延行为背后的深层心理原因，他们发现最重要的原因是恐惧。怕拿不到棒棒糖吃，怕被爸爸妈妈责罚？这只是表象，深挖下去，其实孩子最怕的，不是得不到棒棒糖或被责罚，而是怕做不成爸爸妈妈眼中的好孩子，做不成同学眼中叱咤校园的榜样。孩子们越想做好、越想被认可，越容易害怕。

如果让孩子不拖延的方式是恐吓，会让他们更害怕。本就因为害怕而拖延，而害怕的叠加，会让拖延越来越难根治。用错了药，一定会病入膏肓。

如何服用正确的解药？

不是制造恐惧，而是给予人类最需要的归属感和价值感。归属感和价值感藏在孩子心灵深处的潜意识中，甚至连孩子自己都听不到这个微弱得不能再微弱的声音。“我到底有没有被爱？”“我到底重不重要？”“当我拖延到谁都忍不了的时候，连我自己都不相信能完成的时候，还会有人相信我吗？”

当一个孩子真的想放弃，那他会干脆就不做，而不只是拖延，更不会纠结，也不会在你面前叽叽歪歪。他在你面前所有的拖延行为都是想告诉你：妈妈（爸爸），我碰到困难了，我不知道怎么做才能让我重新找回做人的归属感和价值感，你能帮帮我吗？

我敢打赌，如果孩子直接跑到父母面前说出这番心里话，所有父母都不会责骂这样一个如此向善向好的孩子。但是孩子偏偏喜欢通过让大人抓狂的模式表达这份藏在“冰山”下的归属感和价值感。你的孩子是哪一种呢？

Ⓐ 黏人式拖延。孩子不断寻求父母的关注，比如正写着作业，一会儿要喝水，一会儿要上厕所，一会儿这里痒要挠，一会儿那里不舒服让看看，一遍又一遍消磨着父母的耐心。

Ⓑ 夺权式拖延。孩子和父母对着干，催得越凶，做得越慢。比如父母催写作业，过了 1 小时孩子还没去，不断挑战父母的容忍底线。

Ⓒ 报复式拖延。孩子专挑父母最在意的事拖延磨蹭。比如父母在练琴这件事上批评过孩子，孩子就非在练琴这件事上拖得最严重，专挑父母的弱点戳。

Ⓓ 放弃式拖延。破罐子破摔，父母磨破嘴皮地劝，孩子也纹丝不动。父母心里着急却无能为力。

同样是孩子写作业拖延，模式不同，解决方法也不同，如果识别不出来是哪一种模式，光靠认同归属感和价值感，也无法找到拖延的解药。尤其是父母被孩子搞得身心俱疲、晕头转向时，根本想不起来是哪一种拖延模式——没有任何岗前培训教会父母如何面对拖延模式迥异的孩子。

最忠诚的永远是自己的感受。

是的，你没有听错，没有什么比自己的感受能更迅速地识别别人的拖延模式，尤其是让我们如此牵肠挂肚的孩子。

当你感到心烦、内疚，孩子一定是黏人式拖延。

当你感到生气、挫败，孩子一定是夺权式拖延。

当你感到伤心、难过，孩子一定是报复式拖延。

当你感到失望、绝望，孩子一定是放弃式拖延。

让你感到心烦、内疚的黏人式拖延，解药是让孩子帮忙，找到归属感和价值感。

比如，我会对女儿说："小米，请你帮我设置20分钟闹钟，妈妈和你一起，你写你的作业，我写我的书稿。20分钟后，你来叫我，你帮我检查我完成了多少字。"让孩子帮忙，孩子觉得自己是被妈妈需要的，妈妈是真心请自己帮忙，自然就不会再一遍遍用黏人的方式来寻找归属感和价值感。

让你感到生气、挫败的夺权式拖延，解药是给孩子选择，找到归属感和价值感。

比如，我会问女儿："小米，语文、数学、英语这三门作业，你先写哪一科？""数学这两本练习册，你先做哪一本呢？""这本练习册第35页和第36页，你先做哪一页？""这三支铅笔，你选哪一支来写呢？"给孩子的选择越多，孩子越容易找到掌控的感觉。写作业的顺序、文具的选择可以百分之百放权给孩子。就像成年人去上班，如果用什么笔写字都不让选，哪个成年人会做到毫无怨言并高效、准时完成工作，没有一丝一毫的拖延呢？“己所不欲，勿施于人”，再小的孩子，也有基本的选择权。

让你感到伤心、难过的报复式拖延，解药是承认孩子的感受，找到归属感和价值感。

比如，我会和女儿沟通：“小米，妈妈批评你时，你心里是什么感受？”“我猜你很难过，才会故意说难听的话，你也不想这样说，对不对？”“如果让你给难过打分，从1到10，你有多难过，你能告诉妈妈吗？”“有10这么难过呀！我们一起做些什么能让你感觉好一点儿呢，是抱抱还是亲亲呢？”

报复式拖延最具有迷惑性。孩子想要的是自己的感受被承认，当心乱如麻时，不管是父母还是孩子都无法准时、高效完成任务。表面上的拖延背后是难过的感受，当感受修补完毕，自然就不再拖延。

让你感到失望、绝望的放弃式拖延，解药是给孩子安全感的一小步，找到归属感和价值感。

比如，我会对女儿说：“小米，妈妈爱你，不管你会不会这道题，有没有按时做完作业，妈妈都不会放弃你。我陪你，咱们先看第一行第一个字，其他的字先不看、也不想，看着它你想到了什么，能告诉妈妈吗？不急，慢慢来。”

及时给予孩子爱和信任，给孩子归属感和价值感的提升，再破罐子破摔的孩子，也有“复原”的可能性。

只看到拖延行为的冰山一角，没有看到背后蕴藏的心理需求，那么用任何方式的奖励和惩罚，都会像“泰坦尼克号”巨轮撞到冰山一样。要想让拖延行为发生改变，第一步是从孩子的心理需求入手。

只有先搞清楚自己的感受，才能快速识别孩子到底是哪一种拖延模式，就不怕自己帮不到孩子了。

拖延模式	从孩子的心理需求入手，打算怎么说、怎么做	孩子有哪些变化
黏人式		
夺权式		
报复式		
放弃式		

018

学会运用“猴子”排队法

孩子这么不自觉，什么都要父母催促，简直要被累死了，起床、洗漱、上学、写作业、练琴、睡觉……没有一件事让人省心。好心提醒他还嫌你烦，简直操不完的心，一声叹息。

无奈的岂止是父母，还有孩子。想一想，当我们还是孩子的时候，最烦的是什么？

Ⓐ 家长讲道理。

Ⓑ 奖罚制度。

A 选项，讲道理乍一看最正确，家长说得头头是道，孩子貌似听进去了，但很快左耳朵进、右耳朵出，道理只在孩子的脑海中踢了遍正步，没留下什么痕迹。

B 选项，奖罚制度说到容易做到难，管孩子很难像管公司那样公事公办，恻隐之心让奖罚这两剂猛药作用有限，一旦药劲儿过去，孩子就容易恢复生活常态，让父母更头疼。

怎样才能让孩子管好自己？

与其讲道理，不如讲故事；与其奖罚，不如跟进。

在时间管理中，有这样一个著名的故事：每一个要做的任务都是要背在后背上的“猴子”，如果不给“猴子”排队，它们就会一下子都窜上脊背，把人压垮。在做任务之前，切记一定先给“猴子”排队。

怎样给“猴子”排队呢？

第一步，选一个特定时间段，和孩子一起数数这段时间内到底有多少只“猴子”要背。比如，我的女儿小米放学后到睡觉前，要吃饭、写作业、练琴、刷牙、洗脸、收拾书包，总共有6只“猴子”。

第二步，用提问方式让孩子给这些“猴子”排队。比如，“小米，刷牙、洗脸、收拾书包这几件事，你要先做哪一件？”

第三步，请孩子把排好队的“猴子”写下来或画下来，切记一定要让孩子记录。

第四步，拿着孩子的排队记录单，每天在记录单上跟进执行，完成后让孩子签字或画一个记号。

根据孩子的配合度，每周更新“猴子”排队表，再次重复第一步到第四步。

如果孩子年龄太小，没有能力给“猴子”排队，怎么办？

3岁以下的孩子，不用选取特定时间段，只做二选一的“猴子”排队选择即可。家长可以问孩子：“你希望先刷牙，还是先洗脸？”“你希望先收拾玩具，还是先看绘本？”3岁以上的孩子，可以从二选一增加到三选一。等到孩子能完全做到给三只“猴子”排队之后，逐渐增加“猴子”的数量，直到孩子可以自主安排。

孩子如果乱排序，父母根本接受不了，怎么办？

问孩子的问题特别关键。比如，如果接受不了孩子先玩再写作业，切记千万不要问这样的问题让孩子选，因为问出去的问题就像泼出去的水，覆水难收。

写作业如果非要让孩子排序，就把这只“大猴子”分拆，变成若干只“小猴子”。比如，可以问孩子：“你希望先写数学作业、英语作业还是语文作业？”“数学作业你希望先写A还是先写B？”“A里面你希望先写第1页，还是先写第2页？”

万一“猴子”排好了队，可孩子说到没做到，怎么办？

这就体现了第四步的重要性。这就是一定要让孩子自己记录下顺序并在记录单上签字的原因。

让孩子自己记录下来，会帮助孩子记住他自己的选择，孩子的配合度一定比没让他选择的配合度高。

如果孩子不想按照自己写下来或画下来的顺序去做，切记不用说太多的话，拉着孩子的手到给“猴子”排队的记录单旁，用手指一指，用这种无声的方式告诉他，自己设定的，自己要遵守。如果非要调整，也要把这一次执行完再调整。让孩子知道，由他来排队，你尊重他，他也必须执行。要调整，也是这一次做完了再调整。

这样安排时间去给“猴子”每周排队，会不会更耽误孩子的时间呢？

给“猴子”排队这张表，在学校被称为“一日常规”，如果没有常规，学校是没有办法进行任何教学活动的。而如果在常规中没有任何让孩子二选一或多选一的机会，长此以往，孩子的配合度一定会有问题。因为每个人都希望在这个世界上有做主的机会，不管这个人是新生婴儿还是暮年老人。每周给“猴子”排队，一定会花时间，但提前花一点儿时间，好过每天因为时间安排和孩子发生冲突，让孩子消极抵抗浪费时间。这就是时间的投资观。

有经验的爸爸妈妈一定会发现，当孩子能自己选择、自己执行，就容易有成就感。孩子会觉得自己是一个有能力的好孩子，而不是懒惰、不听话、让爸妈操心的坏孩子。如果孩子管不好自己，一定会导致亲子关系很紧张。亲子关系越紧张，彼此越不信任，就要花更多时间修复亲子关系、重建信任，岂不更浪费大好的亲子时光？！

用每周给“猴子”排队的方法，调动孩子的积极性去解决自己的问题，是我们送给孩子最好的人生礼物之一。

如果你还是担心孩子不太会用给“猴子”排队的方法，别着急，你可以在自己身上先试一次，让孩子帮你数一数下班回家之后有多少只“猴子”，让孩子看你是怎么给“猴子”排队，怎么说到做到，怎么每周更新“猴子”排队表的。孩子一定能以你为榜样，学会这个自我管理的方法。

今天的作业是：请让孩子监督你使用一次给“猴子”排队的方法。

请孩子帮助你给下班回家后时间段的“猴子”排队	请孩子监督你是否完成
数“猴子”数量	
给“猴子”排队	
记录“猴子”排队顺序	
跟进执行	

024

找到自我发展的节奏

总觉得孩子笨，写作业不情愿，练琴偷懒，还贪玩。看着别人家孩子成绩那么好，写作业那么快，学琴也考了级，很是心急。我的孩子为什么这么笨、这么慢？

当想要的和现实不一样，你会怎么做？

Ⓐ 做个木匠，“修理”他。

Ⓑ 做个园丁，“培养”他。

木匠式养育和园丁式养育对孩子的最大区别是，你是希望孩子成为你得意的作品，还是独一无二的他自己。他能不能永远为了做自己而坚持努力。

明代的文徵明是一个小时候发育迟缓的“笨小孩”，八九岁尚口齿不清。而他的小伙伴唐伯虎却聪明伶俐，被誉为才子。

如果你是一位父亲，在别人家孩子的强烈对比下，你会如何看待自己的孩子？

A 我怎么就这么命苦，摊上这么个孩子，真丢人。

B 这孩子就这样了，我听老人劝，再生一个。

C 我的孩子大器晚成，咱们慢慢来。

文徵明的父亲在所有人都不看好文徵明的时候，选择了 C，认为“儿幸晚成，无害也”，他不仅是这么说的，也是这么做的。文徵明后来屡试不第，却不放弃，终于在五十多岁大器晚成，史称“四绝全才”，一直活到九十岁。

梁漱溟说，人一辈子首先要解决人与物的关系，再解决人与人的关系，最后终究要解决人与自己的关系，而最后一条最难。

人与物的关系，就是为人父母，心心念念希望孩子能学习好。但学着学着，就会碰到人与人的关系问题。“妈妈，我怕写不好，老师会批评我，同学会笑话我”，有多少孩子的拖延是被人与人的关系所困。“我做不好，我怕所有人都不再喜欢我”，这种恐惧，绊倒了多少孩子想行动的脚步。

如果孩子一直是为了迎合别人、取悦他人而奋斗，那么穷极一生，他都会卡在人与人的关系这道坎，一直走不进最终的人与自己的关系这扇门。

如果解决不了“学习到底是为了什么”这个问题，所有的厌学问题都无法从根本上解决。让孩子满足我们的预期，是一种更高级的懒，懒得去了解一个和我们不一样的生命，懒得思考作为成年人的我们怎样帮助和支持一个年轻的生命。

我希望我的孩子做自己，让所有因为“不敢”而产生的拖延在笑里化解。动笔写下可能是全班“最丑”的字，张口说一个发音“最难听”的英语单词，写一篇全校“最差”的作文，那又如何？不同的孩子在不同的年龄段，他们的发展会因个体的差异而有所区别，有些语言能力会比较强，有些运动能力会比较强，而其他的敏感期相应会来得迟缓些。这如同下雨时雨滴落在玻璃窗上的景象，每个雨滴各自下落的速度有快有慢，最后却又都会到达同一水平线，落向大地。

Chapter 2

孩子不专注怎么办

028

做减法，找到黄金时间

孩子一做事就东张西望、不专心，和别人家孩子比起来，我的孩子上课、写作业、练琴效率都很低，专心不起来，正确率也不高，怎么办？

当你碰到孩子不专注，你会有什么反应？

Ⓐ 羡慕别人家的孩子，忍不住焦虑。

Ⓑ 沉住气不跟别人比，和孩子一起找方法。

孩子从出生那一刻起，就在接受来自四面八方的检视。

我的女儿从上学开始就不是班里排名靠前的学生，当外界评价砸来的时候，考验的不只是孩子，还有为人父母的心态。面对女儿哭诉英语课上发音不准被同学嘲笑，我能不能做到心平气和？面对女儿同学妈妈全职带娃的牺牲奉献，我能不能做到毫无愧疚地上班？养育孩子分明就是和自己的心魔在战斗。

哈佛大学心理学家马修·吉林斯沃斯和丹尼尔·基尔伯特研究发现，成人平均每天也只有 53% 的时间专注于当下任务，相当于一天中几乎一半的时间都没有专注当下。在信息碎片化的时代，连成人也很难做到 100% 的专注。

什么是专注力？

专注力是使用注意力的能力，而注意力是对信息的选择。大脑一共有三种注意力系统，分别决定了你“什么时候注意”“注意什么”和“如何注意”。专注力意味着你可以选择看什么就能看到什么，也意味着你不看什么就忽略了什么。对专注的自控包括两个方面，一个是控制自己做该做的事，一个是抑制住自己，不去做不该做的事。

你本想坐下来好好工作，没忍住看到了朋友圈讲培养“牛娃”的文章，立马不淡定地寻思要不要给孩子报英语兴趣班。你本想好好陪孩子玩一会儿，一个电话打过来，孩子怎么都抓不着你的身影，变得喜欢黏人、歇斯底里。

孩子想专注的心和成年人一样，如果总是不断被外界撩拨，忍不住向外看，自然沉不住气，更找不到专注的方法。一旦沉住气，忽略外界声音，专注力马上能显现，关键是我们敢不敢迈出这一步。

让我们来判断一下，以下哪个孩子拥有黄金时间？

Ⓐ 孩子一边听音乐，一边写作业。

Ⓑ 孩子一边看电视，一边吃饭。

Ⓒ 孩子一边练琴，一边被纠正错误。

Ⓓ 孩子一边写作业，一边发脾气。

在以上场景中，无一例外，孩子都没有黄金时间，不管是外在的环境还是内在的情绪，都难以让孩子专注。

美国加利福尼亚大学研究学者格洛丽亚·马克发现，人在工作的时候，每 11 分钟就会被外界干扰一次，而受到干扰后要花 25 分钟恢复工作状态，即每次受干扰后，就会让你失去大约 25 分钟的时间。

当孩子吃饭时不断被电视画面吸引，当孩子练琴时不断被大人“好心”的纠错打断，当孩子写作业时不断被难以平复的情绪搅动，他们损失的是最珍贵的黄金时间。

怎样帮助孩子找到不被打扰的黄金时间呢？

做减法，让外界干扰越少越好。

在我创办的米来幼儿园，不管是亲子班、日托班还是幼儿园大班，教室墙、地面、教具柜永远都是白色、绿色和原木色，很多家长问我，这样的环境设计不单调吗？为什么不多使用一些颜色和卡通造型？

越简单，越集中；越复杂，越躁动。让孩子在摆满花花绿绿商品的集市上专心学习，难于上青天。我们不要人为地给孩子的专注设置障碍。孩子不需要那么多看起来花里胡哨的布置，在简洁的环境中，自然而然会保持专注。

很多家长问我，为什么老师在教室内说话声音都那么轻？需要这么安静吗？

成年人轻声说话、端庄走路，在这样的环境中，孩子想不专注都难。但仔细想想，多少家庭把孩子学习环境中的噪声“关掉”了呢？孩子需要黄金时间，当周围的声音减少，孩子的专注力会静静流淌出来。

很多家长问我，你们教室内教具那么少，为什么不把仓库内所有的教具都摆在教室里，让孩子多些选择呢？

当教具、玩具数量过多，孩子恰恰会在过多选择中，因为好奇心而不容易集中注意力。当孩子专注起来，他需要重复的练习，练习到一定程度后，孩子自然会告诉我们，他需要更多的选择。

还有很多家长问我，孩子哭的时候，为什么不马上制止？马上转移孩子注意力为什么不行呢？

因为当家长允许孩子专注哭一会儿，情绪压力得到释放，孩子这篇翻过去了，下一篇不专注都很难。而如果只在意翻篇，孩子容易就是翻不过这篇。为什么不让孩子哭完呢？就像我们哭的时候，被领导一声令下制止，我们也不会马上翻篇一样，是无法不带任何情绪地马上去专心工作的。

美国著名心理学家威廉·詹姆斯认为，专注是所有天才唯一的共性。这么多年办园的经验告诉我，孩子的专注力也许不需要专门训练，只要不在孩子小时候破坏他的专注力，当有了黄金时间，又有了合适环境，专注力会自然显现。

小时候，当孩子正玩得津津有味时，家长猛然间塞一块苹果到他嘴里；当孩子对地上的毛毛虫感兴趣时，家长催促孩子快走；当孩子哭泣的时候，家长拼命转移孩子的注意力，否认、忽略其感受……而当孩子开始上学了，又怎能奢望他一下子坐得住凳子，一下子能看得进去厚厚的教科书，一下子可以专注到忘了外界的纷扰?

我也想为自己的孩子寻求两全其美的办法，让他们既能专注自己所爱，又能平衡和其他人的关系。但我不想孩子像哲学家布里丹的那头驴，看着左右两边不同材质组合的干粮，不知道如何选择，最终活活卡在两个选择中间饿死了。

英国教育家怀特海在《教育的目的》中说，学习的目的是激发和引导自我发展之路。如果非要二选一，我希望孩子能先专注自己所爱，再平衡和其他人的关系，毕竟，人在关系中最容易迷失。如果找不到自己，跟随他人，那这一辈子都在流浪。只有放弃让所有人都喜欢你的奢望，才会拥有你喜欢的幸福人生。

你希望孩子找到哪一段黄金时间？

环境中有哪些要做减法的改变？

周围人有哪些要做减法的改变？

孩子在黄金时间专注力有哪些进步？

034

发掘兴趣，进入“心流”状态

孩子总记不住学的东西，单词和汉字明明刚教了一遍，一转眼就忘了。让他集中注意力背，就是背不下来，怎么办？

当你碰到孩子记不住学的东西，你会怎么办？

Ⓐ 持续重复，直到学会为止。

Ⓑ 难度分解，找到可被记忆的最小单元。

A 选项是多少人梦寐以求的孩子能有的状态，可有多少人能保证不发脾气，做到耐心教孩子直到学会呢？A 选项对成年人和孩子来说，都太难做到。

我的女儿上学后最不喜欢的就是背单词，面对如同毛毛虫一样的单词，她总是绕着走，不想背，也背不下来。如果持续逼迫她，背不完不能吃饭、抄写 100 遍，她能背下来吗？即便这次背下来，下一次呢？她还会愿意背单词吗？绝对不会。只要一想到背单词就会逃避。

就像小时候的我，怎么都学不会骑自行车，一度认为自己小脑发育不好，平衡能力不行，在骑自行车这件事上自卑不已。到了共享单车时代，我始终不敢尝试，羡慕能骑走自行车的任何路人。直到我 30 岁那一年，每周末要去北京大学的斯坦福中心上课，看着从北大校门到斯坦福中心那几公里的距离，我咬着牙，终于骑上了让我恐惧多年的自行车。一开始我还在意路人对如此笨拙的新骑手会不会投来评判的目光，10 分钟之后，我就敢双脚悬空，掌握了车把的平衡，在这种成就感的帮助下，我全然忘记了外人的目光，进入了心流状态。

“心流”的概念由美国心理学家米哈里 · 契克森米哈赖提出。米哈里通过对运动员、艺术家等不同人群的大量调研发现，这些人所描述的最幸福的时光有着高度的一致性，那就是全身心地沉浸于自己热爱的、当下的活动中，会忘掉疲劳、饥饿和痛苦，感觉时间过得飞快，听不到外界的声音，脑海中没有杂念，仿佛人与环境融为一体。

每个人都有机会产生心流，无聊的状态无法产生心流，太难以实现也无法产生心流，只有恰到好处的挑战最容易产生心流。

女儿背单词，是不是存在同样的问题？如果让她在背单词时能像我骑车一样找到心流，是不是她也会忘记周围人的评判，全情投入在当下的学习中呢？

降低背单词的难度，不要求她第一次背就全部记下来。难度分解第一步，先指认出单词的意思。我问女儿："你打算怎么认识这些单词？"她创新式地把所有要背的单词写到红、蓝两种卡片上，让我和她一起翻卡片，找到相同单词，一起念出来，然后拥抱。玩着玩着，她能指着读出所有的单词。难度分解第二步，找到相同单词，拼读再发音，谁读错了，谁要多翻一次。神奇的事发生了，在玩游戏的 10 分钟内，她记住了老师布置的 16 个单词。最有意思的是，她不断让我陪她玩，在接下来的一周，每晚睡前她都要玩这个游戏。我知道女儿找到了背单词的心流，甚至她都不知道她在完成曾经让她望而生畏的作业。

如果把挑战水平和能力水平放在坐标体系中，心流发生在能力与挑战刚好匹配的时刻，挑战过高、能力过低会导致焦虑情绪，这就是在带孩子的过程中我们经常感受到的情绪。如果能分解难度，能力和挑战刚好匹配，就能进入我们梦寐以求的心流状态。

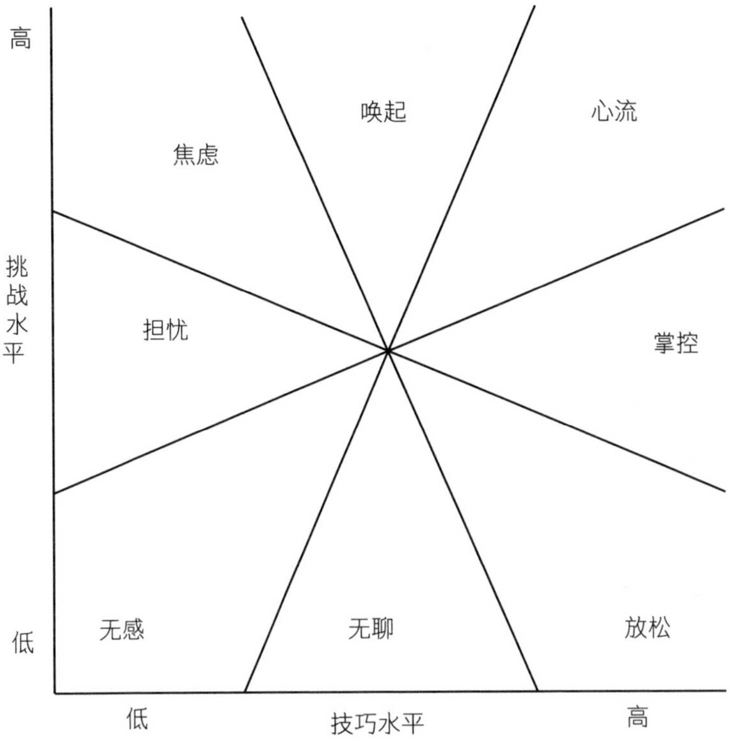

心流状态所处位置

达到心流状态，除了挑战和能力匹配以外，还有另一个重要条件——及时反馈。比如骑自行车，只要用脚蹬，车就会向前移动，及时反馈让我腿酸了也想体验前进的感觉；比如女儿玩单词配对游戏，配上对就拥抱，拼读对了就可以往下翻卡片。如果没有及时反馈，即便挑战和能力匹配，也无法让孩子独立坚持下去。

在我创办的幼儿园里，老师们把所有的学习任务都转换成了及时反馈的游戏。比如学习词组“站起来”“坐下去”“绕一圈”，孩子们不是背着手听老师讲，而是分组来做游戏，谁翻到“站起来”的卡片，就真的站起来，以此类推。孩子们对谁会翻到下一张不知道会做什么动作的卡片充满期待，翻到了之后，又能获得及时反馈。来上幼儿园的孩子，没人觉得自己在痛苦地学习，觉得汉字太枯燥了，背不下来。孩子们无一例外央求还要玩学汉字的游戏，就这样，不断分解难度和及时反馈，让孩子对学习上瘾。孩子厌学的真正原因并不是讨厌学习，而是讨厌没有及时反馈。如果学习能像打游戏一样有及时反馈，孩子就能忘记时间的存在，进入心流状态。

心流时间长短决定了这一天你的幸福指数。我们给孩子的快乐教育，如果是帮助孩子在一天中找到更多更长的心流时间，那么孩子是幸福的。如果我们帮助孩子屏蔽了所有困难和挑战，没有挑战的难度，就没有心流的满足；没有及时的反馈，孩子就没有沉醉在热爱的事情中的幸福感。

米哈里的研究显示，人在工作或学习时出现心流的概率达54%，远远高于休息时出现的18%的心流概率。也就是说，在工作或学习时更容易获得心流，而非休息时间。如果把“赌注”押在休息时间获得心流，概率更小；如果把“赌注”押在工作或学习时间获得心流，概率更大。这就是为什么世界上有那么多“学霸”和“工作狂”，不是他们天赋异禀，仅仅是因为他们找到了心流，欲罢不能。

039

怎样帮助你的孩子找到心流时间呢？

别轻易抹杀孩子的兴趣，兴趣会带孩子找到心流。兴趣就像船上的帆，而孩子是舵手。

有一天放学路上，女儿突然和我说："妈妈，我想成为宇航员，坐宇宙飞船到外天空。"我愣住了，我猜想过她未来想从事的职业，唯独没有宇航员这个选项，完全超出我的想象。

孩子看似无心的一句话，是她真实愿望的表达，像一簇火种。但如果在火种出现的那一刻就被至亲至爱以"快去写作业，胡思乱想什么"为由掐灭，那么在她摊开作业本的那一刻，眼睛中那一道光也会随之黯淡下去。

整理了一下情绪，我问她："你想成为宇航员，现在学校学的科目对成为宇航员有哪些帮助呢？"

女儿想了一会儿，说："妈妈，我有答案了，学语文让我能看懂宇宙飞船的说明书，学数学让我能看懂宇宙飞船的数字仪器表，学英语让我能和宇航员里的外国人说话。"

不管孩子说得对不对，我知道在那一刻，孩子明白了学习是为了什么——不是为了演戏给爸妈看，不是为了得到糖果，不是为了不被老师批评，而是为了自己的愿望。

以前女儿做数学题错了，她自己也不在意，现在她知道，如果宇宙飞船的飞行数据算错了，会让宇宙飞船发射失败。现在她做完每一道题都要检查一遍。以前不愿意背英语单词，现在她知道，英语单词背下来就能和外国宇航员交流了。以前不愿意写作文，现在她知道，能在宇宙飞船上写日记真的太酷了。

法国著名作家、《小王子》的作者圣埃克苏佩里说过，如果你想建造一艘船，先不要把人们召集起来采集木材、分配工作和发号施令，而是要引导他们向往浩瀚无边的大海。

在孩子写作业这件事上，不必在乎答案是否全部正确，而应该在乎的是他知不知道学习到底是为了什么，能不能找到自己一辈子的使命愿景。

很多家长咨询我如何给孩子做教育规划，每次我都会问一个让很多人意外的问题："你问过你孩子的想法吗？"很多家长会说："我的孩子太小，他不懂。"

孩子真的不懂吗？当我们兴高采烈地给孩子买好钢琴让他学的时候，他每次和你对抗就是不好好练琴的时候，其实他懂。他只是不明白为什么而学。

为了孩子的事操劳一生，却忘了问孩子自己是怎么想的，这是最大的人间悲剧。孩子终究要自己过完他的一生，莫非他的所有我们都能帮他规划好？

让孩子从小自己做决策，长大后遇到人生关键十字路口时才不会走错路。

- 问问孩子的兴趣有哪些

- 听听孩子的使命愿景是成为谁

- 记录孩子的心流时间有多长

- 想想及时反馈方式有哪些

042

运用“番茄甜点法”，张弛有度

孩子写作业、练琴慢吞吞，一边玩一边做，不是玩橡皮就是玩铅笔，总是集中不了注意力，家长看得心里直着急，怎么办？

当你碰到孩子注意力不集中，你会怎么做？

Ⓐ 让孩子先玩再学。

Ⓑ 让孩子先学再玩。

很多年前，我上学前班。一天，老师看班上同学不专心听讲，特别生气，让我们自己举手选是先玩再学，还是先学再玩。让老师意外的是，全班同学都选择了先玩再学，老师一怒之下叫所有同学去教室门外罚站。当天晚上放学，所有家长都被叫到了学校，这是我上学以来第一次也是唯一一次被找了家长。从那之后，当再有人问我这个问题，我会假装说，我要先学再玩，一直到我成了母亲。

女儿出生后不久，我就开始给她读绘本，女儿的爸爸好奇地问我："为什么你和女儿玩时总是看书？"我被问得愣住了。

这个问题吓到我了。原来在很多人的心里，学习和玩耍是一对敌人，鱼和熊掌不能兼得。父母总是怕孩子心玩野了就不爱学习了，于是，就只剩下先学习再玩这个唯一选项。

难道玩耍和学习注定没有办法共存吗？

我给女儿讲了弗朗西斯科·西里洛的"番茄工作法"，女儿还创编了一套适合孩子们独立学习、不用监督的"番茄甜点法"。

第一步，约定番茄时间。家长可以问孩子，写作业时每隔多久休息一次，是 15 分钟、20 分钟，还是 25 分钟？让孩子三选一，如 6 岁的孩子可以选择 15 分钟，9 岁的孩子可以选择 25 分钟。把每隔多久休息一次的这段时间叫作番茄时间。

第二步，约定甜点时间。家长可以问孩子，每次的休息时间，你希望是 5 分钟还是 10 分钟？让孩子二选一，如 6 岁的孩子可以选择 10 分钟，9 岁的孩子可以选择 5 分钟。把休息时间叫作甜点时间。

第三步，选择甜点。请孩子把自己容易溜号的事全部列出来，把它们叫作甜点菜单。如玩橡皮、上厕所、喝水、吃水果、看手机、打游戏、挠痒痒等，和孩子提前说好，休息时间只能"吃"一个"甜点"，而且番茄时间完成后才能到甜点时间。当进行一个番茄时间的时候，不能马上做甜点菜单上的事，要等一个番茄时间进行完了，才可以做一件甜点菜单上的事。

第四步，选择装备。请孩子选择记录时间的方法，比如用沙漏或者闹钟，让孩子自己来设定。再次重申规则，一个番茄配一个甜点，帮助孩子在番茄时间保持专注力，再用甜点的甜滋滋时间激励。

很多家长一定会问，孩子如果坚持不到番茄时间那么长，就想进入甜点时间，怎么办?

孩子的专注力天生就有差异，但不管孩子专注力基础如何，最重要的不是和别的孩子比，而是自己和自己比。只要孩子能坚持到番茄时间结束，就一定要有甜点时间，千万不要省略甜点时间。就像跑马拉松，到了补给站，约定好的水和香蕉没给，对运动员来说，从生理到心理都会产生不利影响。

还有一些家长也许会问，如果孩子特别小，这种方法适用吗?

在宝宝刚出生的时候，对专注力的培养就开始了，越小开始使用番茄甜点法，越容易在未来把时间管理好。我在幼儿园带的 0 ～ 1 岁宝宝观察班，会陪着新手妈妈和孩子一起，从 1 分钟、2 分钟开始设定番茄时间，从让孩子专注玩玩具，不打扰孩子开始培养专注力。

有些家长肯定会问，孩子如果不配合怎么办?

番茄甜点法的关键是赋予了孩子选择权，在三个选择里选番茄时间长，在两个选择里选甜点时间长，在两个记录时间方法里选择记录工具。如果在刚才的步骤里没有给孩子选择的权利，孩子一定不会长期配合。番茄时间是 15 分钟、20 分钟，还是 25 分钟？孩子希望用沙漏的方式来计算时间，还是希望用专门的定时器来计算时间？定时器是带着孩子去超市买，还是在网上买？孩子希望购买红色的还是购买黄色的？在甜点时间，孩子希望玩橡皮还是希望做其他事情？总之，让孩子可以自己做主，就容易找到成就感。

一定有人会质疑，番茄甜点法的安排会不会更耽误时间呢？

孩子的注意力比成年人更容易分散，成年人眼中司空见惯的物品也会引起孩子们的好奇心，并去挖掘各种各样的玩法，完全杜绝玩橡皮、转铅笔、上厕所、挠痒痒等绝对做不到，不如在一番茄一甜点的交替中帮助孩子锻炼自制力。掌管自制力的前额叶要到 25 岁才发育完全，一味要求孩子学习时不溜号，并不符合孩子的身心发展规律。先番茄后甜点，不是违背孩子的心理发展特点一味要求其学习、看书时保持专注力，也不是要求孩子和其他孩子一样一定要保持专注多长时间，而是让孩子自己跟自己比，一点一点延长番茄时间，给孩子在甜点时间有更多选择的权利，让孩子爱上自律。女儿经常和我说，如果自己不管自己，就会有别人蹦出来管你。她切身感受到了自己管自己的好处，就是自由。

每个人都有自己的节奏，如果一直绷紧，反而容易造成疲乏，事倍功半。让孩子休息好，哪怕只有一小会儿，再投入到看书、学习、练琴中，学习效率和学习效果会更好。最重要的是，孩子不专注，父母发火，孩子更容易跟父母对着干，进入恶性循环。过后再后悔，孩子也越来越不服管，岂不更让人烦恼？

有了先番茄后甜点的方法，可以把我们从和孩子的对抗中解救出来，和孩子一起解决问题，而不是和问题一起去“解决”孩子。

- 孩子选择番茄时间长度
- 孩子选择甜点时间长度
- 孩子列出的甜点菜单中包含哪些甜点
- 孩子选择哪种记录时间的装备
- 孩子第一次完成先番茄再甜点的时间

“钟摆蓄能法”建立安全感

孩子做什么事都要父母陪，写作业要陪，练琴要陪，上兴趣班要陪，连看书也要陪，不陪就不专心。大人上班已经很累了，下了班比上班还累，怎么办？

当碰到孩子需要你陪伴才能专心时，你会怎么做？

Ⓐ 压着火也要陪。

Ⓑ 既不陪也不管。

不管选哪个，都会让孩子极度纠结。选 A 选项，孩子明明能感受到父母说不清、道不明的火，可就是被他们硬生生压下去，有人陪的孩子也如坐针毡。选 B 选项，孩子的确不想被人处处管束，但一同失去的是被关心的温暖。

049

20 世纪六七十年代，英国医生、精神分析学家约翰·鲍尔比提出了依恋理论来解释不安全感。

以下哪种描述最符合你的情况？

Ⓐ 不亲密的关系对我来说很自在。我觉得独立感和自给自足是非常重要的。我不喜欢依赖别人，也不喜欢别人依赖我。

Ⓑ 我想和别人在情感上亲密无间，但我经常发现，别人不愿意和我太亲密。没有亲密的情感关系，我会感到不自在，但我有时担心，别人不像我珍惜他们那样珍惜我。

Ⓒ 与别人亲密，我会感到有点儿不自在。我想要亲密关系，但我很难完全信任或依赖他人。有时担心，如果与别人太亲近，我会受到伤害。

Ⓓ 对我来说，与别人建立亲密的情感关系并不难。无论是依赖他人或者让他人依赖我，我都会感到自在。我不担心独处或者不被别人接纳。

如果你的答案是 D 选项，恭喜你，你属于安全型依恋，相信自己会被人爱，在人际关系中有安全感。A、B、C 选项都属于不安全依恋，A 选项为回避型依恋，B 选项为缠人型依恋，C 选项为害怕型依恋。

回避型依恋者在人际关系中，害怕自己会被人拒绝，会在被拒绝之前先拒绝别人，爱对身边的人吹毛求疵；缠人型依恋者想和他人亲密无间，却屡屡受挫，感觉自己得不到周围人的重视；害怕型依恋者想与他人亲密，但会担心与他人的关系太密切自己会受到伤害。

美国威斯康星大学心理学家哈利·哈洛做了著名的恒河猴实验，他把一只刚出生的猴子放在两个“母亲”面前，一个是用绒布做的柔软、温暖的假母猴，一个是用铁丝和橡皮乳头做的可以 24 小时提供奶水的假母猴。刚开始，小猴围着“铁丝母猴”，没过几天，令人惊讶的事情发生了，小猴只在饥饿的时候才到“铁丝母猴”那里喝几口奶，更多的时候都是与“绒布母猴”抱在一起。可见“绒布母猴”会给小猴更多的安全感。

孩子对安全感的需要，甚至超过了母乳。

在孩子内心，一直都有一个看不见的钟摆在摇摆。孩子对于妈妈的依恋如同钟摆向左摆，孩子对于世界的探索如同钟摆向右摆，一端摆得越高，另一端也会随之摆得越高，孩子获得的安全感越强、依恋储备的能量越多，孩子就有更大的能量和勇气去探索世界。如果孩子的安全感和依恋势能不够，家长却非要推孩子去探索世界，只能适得其反。

怎样给孩子蓄满安全感？

“爱我你就亲亲我，爱我你就抱抱我，爱我你就夸夸我，爱我你就陪陪我。”一首歌唱出了孩子的心声。几分钟的亲亲和抱抱，就可以让孩子内心充满安全感，孩子就愿意独立专心做作业。

051

请猜一猜，下图中哪一位是孩子的妈妈？

Ⓐ 左侧的女士。

Ⓑ 右侧的女士。

图上似乎没有任何线索，但这么多年的办园经验告诉我，所有的孩子进入陌生环境时会背对着妈妈，妈妈就像安全堡垒一样让孩子内心充满安全感。安全感就是对妈妈的信任，长大后，就是对这个世界的信任。

并不是坚强的人才会独立，而是被爱过的人才会独立。

Chapter 3

孩子畏难怎么办

降低“气球”高度，学会“吸氧”

孩子写作业畏难情绪太重，不到最后一刻不动笔。明明给孩子安排好的事，不管怎么劝就是不肯做，父母心急如焚，怎么办？

畏难，是跟自己较劲。别说孩子，大人也是。

我人生中第一次跑马拉松是在云南腾冲，我和清华女性创业班4位同学一起报名参加，在起跑鸣枪后意外发现鞋带松了，蹲下来系完，站起来后一下子发现自己被落在跑步队伍的最后，看着前方跃动的同学背影，我开始努力去追，越想追就越觉得岔气、腿沉，我分明感觉到“不要输在起跑线”的恐惧在裹挟着我整个身心。

如果是你，这时你会怎么做？

Ⓐ 非追上不可。

Ⓑ 不急着追，慢慢来。

选 A 的人和选 B 的人，哪种人畏难情绪更重呢？一定是选 A 的人。非追上不可的后果往往是追不上，而每次沉住气选 B 的人都会反超。

很多孩子畏难，难就难在是为父母而学习。只有为自己而活，才能乘着热气球看到自己热爱的风景。

刚成为妈妈的头两年，我也不太愿意面对自己在育儿上的错误，像一个想把自己挂在高空中的完美妈妈，孩子仰望却不敢亲近。距离远了，不管我用多么专业的方法给孩子讲道理，孩子都接收不到，挫败感让我“缺氧窒息”。我关注着自己这样教育孩子是否对，却忘记了给自己降低“气球”高度，先吸会儿氧。就像飞机上的氧气面罩，大人先戴好了，才有给孩子戴好的机会。

我先学会把自己的“气球”高度降下来，自然有办法鼓励畏难的孩子。

“妈妈，同学笑话我写的字难看，我不想写作文。”

“那咱们就写一篇由全世界最丑的字组成的作文。”

“妈妈，我没听错吧？你让我写最丑的字？”

女儿将信将疑地摊开作业本，歪歪扭扭地写下了第一个字。我知道只要她的“气球”降低了高度，她就有机会成为更好的自己。

忘记了从什么时候开始，女儿作业本上的字迹开始好看起来。我只记得她晚上睡前会央求我讲怎么给“气球”降高度以便吸氧，每当她听到我说“我要做一个世界上‘最差’的××”，她都会在哈哈大笑中安然入睡。

“怕孩子输在起跑线上”的恐惧还会在无形中左右我们，但别忘了看看自己和孩子的心理氧气表，氧气值现在是多少。让孩子考零分和考一百分难度是一样的，降低“气球”高度，并不会让我们和孩子万劫不复。

角色	氧气值（0～10）	降低“气球”高度的方法
父母		
孩子		

用“具身认知”甩掉自卑

孩子总是觉得自己不够好，缺乏自信，什么事都不敢尝试，经常紧张，生怕出洋相，总是找理由说“我不会、我不敢”。这么自卑，长大可怎么办？

你的孩子是否有如下自卑表现？

Ⓐ 不敢说。不爱和陌生人说话，上课从不主动举手回答问题。

Ⓑ 不敢做。对新事物胆怯，没做过的事情不敢尝试。

Ⓒ 很依赖。做事依赖大人，经常喊爸爸妈妈陪。

Ⓓ 害怕输。不愿参加竞赛活动，觉得不如别人，爱犯规，害怕失败。

想一想，你在孩子这么大年纪时，有哪些类似自卑表现？

对比一下，你发现了什么？原来孩子自卑的表现，你小时候身上也有。人最难的是面对自己，说起别人来头头是道，到了自己身上，就不知怎么回事了。心理学家阿德勒在《自卑与超越》中写道，自卑是人类生而就有的自然现象。刚出生的宝宝，什么都做不了，需要父母的照顾才能生存下来，自卑是天然形成的。长大后，自卑被藏在心底，一旦被外界刺激，尤其是遇到不擅长、不熟悉的领域，自卑就容易跑出来。

自卑喜欢和我们玩捉迷藏，想要把自卑彻底赶出去，就要告诉自己不要想着做不好的事，因为越想越难受、越想越自卑。

美国华盛顿大学的安德鲁·梅尔索夫教授研究发现，刚刚出生几分钟的婴儿，在看到大人伸出舌头时，就能做出同样的动作。人能把看到的模仿出来，并深深烙印在脑海中。如果你想成为谁，不要在脑海中幻想成为他，而应该看他做什么动作，你就做什么动作，他做什么表情，你就做什么表情，靠身体帮助你的心态转变。

现在正在看这本书的你，姿势是什么样的呢？是蜷缩成一团，还是舒展开呢？当你改变姿势，能体会到有什么不同感觉吗？当你张开双臂、昂首挺胸，身体所占空间面积越大，你会感觉到更自信。相反，当你身体蜷缩、缩脖、驼背，你会感觉到自卑。

美国芝加哥大学心理学教授西恩·贝洛克专门写了一本书《具身认知》，讲述身体是怎样影响大脑的。当实验人员把一个陌生人介绍给你认识时，如果在介绍他的过程中让你拿着一杯冰水，你会对这个陌生人产生一种防范心理；如果让你手里拿一杯热咖啡，你会更容易信任这个陌生人。本来，冷和热只是你身体的感知，可是温度对你的大脑产生了影响，变成了你在情绪上的冷热。这就是身体影响大脑，不是“我思故我在”，而是“我做故我在”，是具身认知的典型表现。

在婴儿学会走路之前，如果把他们放进学步车里，不仅会延迟他们的运动发育，而且会延迟他们的认知发育。身体和头脑之间的紧密联系也是音乐天赋和数学天赋总是同时出现的原因之一，弹钢琴能提高手指灵活度，会让孩子在数学计算中的表现更出色。正如加拿大认知心理学家史蒂夫·平克在他的著作《语言本能》中说的那样，儿童的动作能力，无论是爬行还是步行，甚至抓起铅笔，都是“所能设想的最难的工程问题”。9个月大能够自己爬行的婴儿比无法独立自由移动的同龄婴儿记忆力更好。孩子注定比成人更敏锐。当改变孩子的身体姿态，孩子马上能感觉到心态的不同。当孩子在玩耍的时候，没有哪个孩子的身体是蜷缩式姿态，无一例外都是舒展式姿态。当孩子坐到课桌前写作业，很容易就蜷缩成一团，自信也跟着蜷缩成一团。当孩子被批评，会低头缩脖，动作步伐变小；而当孩子被表扬，会仰着头，走路时手臂摆动，步伐更大。

心理会影响孩子的身体姿态，身体姿态也会反过来影响孩子的心理。家长与其绞尽脑汁让孩子去改变看不见、摸不着的心态，不如改变孩子的身体姿势。

第一步，让孩子找到喜欢的、自信的姿势，摆出那个姿势。比如，让孩子模仿喜欢的足球运动员赢球后在绿茵场上奔跑的姿势等。当孩子面对很多陌生人时，微笑、收腹、开肩、站直，假装对面是认识的人。

第二步，问孩子，对比之前和现在姿势下的状态，有没有感觉好一些?

第三步，重复以上两个步骤，直到得到肯定的答案。

看到这你或许会质疑，改变姿势，真的就会改变孩子的畏难情绪吗？一旦牵涉到教育孩子，父母总是高估了短期效果，而低估了长期效果。所有的方法不身体力行地试一次，都是停留在脑海中的想象，再有效的方法也得用了才知道。

孩子的低能量姿势	转变成高能量姿势

063

建立成长型思维

别人的批评和嘲笑特别容易影响孩子，孩子听到不顺耳的话，就容易找理由不写作业、不复习功课。父母看着干着急，这么小就“玻璃心”，长大可怎么办呀？

以下属于孩子“玻璃心”表现的是哪些？

A 回避、逃避，做事半途而废。

B 一旦输了就无视规则、无理取闹。

C 比不上别人就大发脾气、自责埋怨。

让我们先来看一个故事。从前有一对父子，两个人共同骑着一头驴在路上走。这时碰到一个人说，如果两个人骑驴，驴会累坏，所以爸爸就下来牵着驴走。可是走一段路又碰到一个人说，儿子太不孝顺了，怎么能让爸爸牵着驴？于是爸爸骑上去，儿子在下面牵着。接着碰到第三个人说，爸爸怎么这么不心疼儿子？于是两个人都下来走。然后碰到第四个人说，你们两个人牵着一头驴，真是太浪费了，应该把驴抬起来才是！于是爸爸和儿子就抬着驴走。谁知又碰到人说，你们真的好奇怪，为什么要抬着驴走？

作为成年人的我们，是不是也像上面故事中的爸爸和儿子一样有颗“玻璃心”呢？别人说什么都很在意，却发现不管怎么做都有人说，反倒不知道该怎么做。

成人世界里特别容易产生双重标准，认为孩子不可以有“玻璃心”，但是自己往往是“玻璃心”却还要否认；明明是自己想要面子，却非得说孩子丢人；明明教育孩子要学会接纳别人的意见，但只要孩子稍微表现出叛逆就成为我们亟待解决的问题；明明要求孩子学会控制情绪，不乱发脾气，想办法解决问题才是关键，但我们自己大多数时候都是用大吼大叫、批评责骂、发脾气的方式去处理孩子带给我们的问题。在教育孩子的过程中，成年人“双标”得可怕。我们对孩子说“不”，却希望孩子自己说“是”，这种别扭让我们误会了孩子的“玻璃心”。

美国斯坦福大学心理学教授卡罗尔·德韦克在《终身成长》一书中提出，成功最重要的是思维模式，思考一件事，是“不＋但是”（No！ But）避免失败的固定型，还是“好＋继续”（Yes！And）寻求挑战的成长型，决定了你能在成功路上走多远。

我上高三时遇到了一位改变我命运的老师。她是一位极具人格魅力的英语老师兼班主任。课间休息时，她从来都不让我们在座位上继续做题，而是把我们全班带到操场上踢毽子，在打预备铃之前，再带着我们一起跑回教室。她从不会发号施令，都是让同学们自己投票来进行班级管理。我的成绩一直徘徊在班里的中等水平，在高三第一次全学年模拟考试之前，她把我叫到讲台前说："我相信你可以考进前三名。"什么？不可能，我高二的模拟考试才排全班第 28 名，我一直自卑得就像一只鸵鸟，抬不起头。

我说："不可能，老师。"她说："我相信你，你可以的。"她告诉我一个绝招，研究自己的错题，就能做到。我愣了一下，随即默默回到座位上。我把那个神奇的数字"3"挂在我的宿舍书桌前，学习时就能看到它。这样过了一个月，高三第一次模拟考试，我史无前例地成为全班第 2 名。

一个月的时间，我通过转换思维方式，从总是关注自己为什么错的固定型转换成从错误中学习的成长型。我的老师对我的错误说"Yes！ And"，鼓励我学习，帮我找到了受益一生的成长型思维方式。我的学习畏难情绪彻底不见了。

如何转换思维方式呢？

先识别"必死逻辑"。很多人在面对机遇时，内心往往有很多向往，同时又有很多自我否定，表现出以下两个"必死逻辑"：

- 我需要 A，但我不可能是 A。
- 我需要 A，而得到 A 必须有 B，我没有 B。

如果用成长型思维改写，则可以变成：

- 我需要 A，我有可能是 A。
- 我需要 A，即便没有 B，我也可以通过 C 来得到 A。

说“Yes！ And”，不说“No！ But”，对自己如此，对孩子也是。让我们做个练习吧。

"No！ But" 固定型思维	"Yes！ And" 成长型思维
我不学了	我要试试别的学习方法
我又犯错了	太好了，我可以从错误中学习啦
这太难了	我只是需要更多的时间搞定
我不可能像她一样聪明	她是怎么做的，我也要学
我数学不太好	我的数学有很大进步空间呢
我不擅长这个	我有机会学会
我失败了，无地自容	我可以从失败中学到很多
如果别人成功，会威胁到我	如果别人成功，能启发我

想想所有婴儿刚出生，不管能不能听懂大人说的话，都会发音模仿，说错的情况经常发生，虽然有人笑，但孩子会继续学下去；学步期的孩子学走路，一次次摔倒也会爬起来，就这样跌跌撞撞学会了走路。随着孩子一天天长大，孩子是从什么时候开始害怕犯错、害怕失败的呢？

当孩子犯错、失败的时候，父母应该怎么说、怎么做？

如果我们绝对不允许孩子犯错，那么孩子也会把这种想法内化：绝对不允许自己犯错。如果你能每天跟孩子分享你在工作和生活中犯的错，让他知道爸爸妈妈也会犯错，那孩子犯错时就不会那么害怕了。

对孩子说“你的努力决定了你的结果”“妈妈相信你可以挑战成功”“犯错了没关系，我们一起看看下次怎么做”，这是成长型思维方式。“怎么又错了？刚才跟你说了，你怎么还不记得？你呀你呀，每次都是这样，一点儿都没有改变。”而当我们这样跟孩子说话的时候，孩子根本没有办法获得成长型思维。所以，父母对待孩子的方式决定了孩子未来是用成长型思维方式思考，还是用固定型思维方式思考。

为什么父母喜欢用固定型思维方式跟孩子说话？因为在工作、生活场景中，我们常常用固定型思维方式处理问题，它天生就限制了我们的思考。如果我们想让孩子成为具有成长型思维方式的人，就需要打破固定型思维方式。跟孩子说成长型思维的话，是开启良好亲子关系大门的钥匙。在我们的家庭，可以为失败者欢呼，鼓励失败者想出新的点子，让孩子接纳别人的想法和失败，而不是时刻想着反击和嘲笑。我们和孩子也能在这个过程中建立更深的联结，让孩子相信，父母能够关注到他的困难和挫折，而且会一直陪着他，克服困难，战胜挫折。常用正面的、积极的语言会影响我们的思维习惯，这就是播种行为，收获习惯。成长型思维，会改变孩子的未来。

希望我们的孩子都能拥有成长型思维方式，能够勇敢去尝试，在犯了错之后有勇气接受并改正。这样的孩子一定会让我们很放心，他的学业表现和他的社交表现一定都会更好。

孩子常说的固定型思维的话

带着孩子说成长型思维的话

071

用好迭代思维

孩子学习时间也不少，怎么还没有进步？陪孩子努力这么久，为什么还没看到收获？为什么别人轻轻松松就能取得好成绩，到自己孩子身上就那么难呢？

我们先来看一道数学题，1.01 的 365 次方等于多少？

Ⓐ 3.78。

Ⓑ 37.8。

大多数人都会不由自主地选择 A，而正确答案是 B。鼓励孩子每天比前一天进步 1%，一年下来，就进步了 37.8 倍，这就是时间的力量。

同理，看另一道数学题，0.99 的 365 次方等于多少？

Ⓐ 0.3。

Ⓑ 0.03。

如果每责骂一次孩子会削弱1%的信心，一年下来，就削弱了97%的信心，只剩3%，这也是时间的力量。

你想在孩子身上体现哪一种时间的力量呢？

孩子不是我们挂在墙上的奖状，只有得到结果的时候才被看见。孩子出生后就好像是1.0版本，需要一步一步完善到2.0版本、3.0版本……不断修复迭代自己。

刚上小学一年级，女儿发现班上很多同学都提前学完一年级的课程内容，在课堂上别人会的她不会。她难过地说："要是我也像他们一样，提前上补习班就好了。"我没回复她，只是和她分享了最近我看到的一个故事。

在过往的110年里，英国车队没有在环法自行车赛中拿过任何一块奖牌，糟糕到什么程度呢？没有任何一家自行车品牌商愿意赞助他们，怕英国车手的糟糕成绩给品牌蒙羞。但让人意外的是，就是这支一直不被看好的车队，破天荒地拿走了北京奥运会自行车项目三分之二的金牌。在4年后的伦敦奥运会，英国队连续打破了9个奥运会纪录和7个世界纪录，从2012开始连续5年拿到了环法自行车赛冠军。

"猜猜这支车队怎么进步这么快？"我问女儿。女儿说："不知道。”说实话，我第一次看到也不相信，110 年里没有进步的事，怎么这 10 年有这么大的进步？

一切都要从 2003 年新上任的车队总教练戴夫 · 布雷斯福德说起。他新官上任的第一把火，没有忙着去训练运动员，而是把所有与自行车赛相关的环节像拆乐高一样分解，把每个分解出来的部分都改进 1%，用酒精擦轮胎使之更好抓地，为了避免灰尘影响自行车性能把装自行车的卡车内部涂抹成白色，为了比赛前在酒店能睡好觉给运动员自带了枕头。1% 的小环节改进看着都不明显，但是几百个 1% 连续迭代 10 年，累积改进一个个超级小的环节，翻天覆地的大变化就这样发生了。

女儿说：“我是不是应该向这个英国自行车队教练学习？”我没回答，但是从那天后，我让她把注意力从不如别人这个结果上转移到过程中怎么能提高 1% 上来。每天晚上，我们都会悄悄在被窝里分享彼此如何改进 1%，我和她分享工作，她和我分享学业。我跟女儿说：“妈妈开会时间特别长，回家特别晚，下次我要提升 1%，开会之前把要讨论的问题发给参加会议的叔叔阿姨，让大家提前准备，就能节省时间早点回家。”她受启发后对我说：“妈妈，你这个我也可以用，每次在上课之前我也提前把想问的问题准备好，这样带着问题听，就不会溜号了。”

很多人不理解我为什么不给孩子报补习班，其实，越在早期着急，越容易在后期沦陷。假若人生中的好光景就 20 年，你希望是孩子人生的哪 20 年？

Ⓐ 0 ~ 20 岁。

Ⓑ 20 ~ 40 岁。

Ⓒ 40 ~ 60 岁。

同学之间学习成绩的差异真的就永无改变的可能吗？想想以前的同学，当年学习第一名的孩子你还记得是谁吗？成年后工作了，才发现成绩的差距是一辈子中最小的差距，因为一个人的成功不是单靠成绩，也绝不仅仅是因为成绩，除了成绩还需要耐住寂寞，每天进步一点点的好心态。

睡前花 10 分钟想一想，你和孩子想改变的小小的 1% 是什么？你和孩子为此愿意坚持多久？

孩子想进步 1% 的事

孩子想坚持多久

爸爸妈妈想进步 1% 的事

爸爸妈妈想坚持多久

Chapter 4

孩子管不住自己怎么办

078

放松压力的“阀门”

孩子总会莫名其妙烦躁、发火，经常听不进去道理，犯起浑来六亲不认，家长心急如焚，怎么办才好呢？

这样一个看起来无可救药的孩子，你相不相信他是一个好孩子？

Ⓐ 相信。

Ⓑ 不相信。

“这样还能叫好孩子，老师你没搞错吧？” 到底因为先看见再相信，还是因为先相信再看见？ 先看见好才相信孩子好，还是相信孩子好才能发现孩子好？我们忽略了一个非常重要的因素，这个因素就是压力。

压力似乎从来都和孩子沾不上边，每次都是父母把它挂在嘴边，但是上补习班、兴趣班的孩子呢？他们的压力是不是也同样大呢？“孩子不是不好，只是压力大。”每次我在直播间连麦咨询的家长说到这句话时，很多家长都会沉默很久。父母似乎都集体遗忘了孩子的压力。

“这么点儿大的小孩，懂什么！哪有什么压力呢？”父母否认孩子的压力，是因为实在扛不住来自孩子的压力叠加在生活本身带给我们的压力之上。不同的是，成年人可以找各种方法来发泄，而孩子在面对压力时，不知道如何面对。比如，学习不好让大人有压力，孩子就不得不去上补习班；隔壁老王家孩子学钢琴，那自家孩子也得学。

有心理学家曾做过一个心理学实验。A 组孩子被领进一间玩具被装在金属丝网里的房间，孩子能看见玩具，但是不允许碰这些玩具，只有等研究人员说开始玩时才能玩。B 组孩子被领进一间玩具被随意放在地上的房间，孩子看见玩具后可以直接玩。实验对比发现,A 组的孩子比 B 组的孩子在玩玩具时更具有破坏性，如摔玩具、拆玩具、把玩具往墙上扔、用脚踩等。因为当孩子在长时间等待研究人员指令、无法触碰玩具时，产生了巨大的心理压力，而巨大的压力无处释放，转而用玩具发泄。忽略之前的压力，一味指责孩子攻击性强、破坏力强，无法让孩子好转。压力产生在任何期望和实际不符的时刻。

当你的孩子压力大时，会有哪些表现？

Ⓐ 黏人，总黏着家里人。

Ⓑ 爱哭，怎么都哄不好。

Ⓒ 总是一副不高兴的样子。

Ⓓ 喜欢打人、咬人、推人，总爱惹事。

Ⓔ 不想睡觉，不爱吃饭，频繁上厕所。

Ⓕ 退化到年龄更小的孩子行为，如吸手指、啃指甲、爱犯困、坐不住等。

Ⓖ 抵抗力差，容易生病。

Ⓗ 注意力不集中，爱走神，记忆力减退。

你可能会觉得，这些不都是孩子经常犯的毛病吗？怎么可能是孩子压力大的表现呢？其实别说是孩子了，大人也会有上述表现，和孩子的表现一模一样。有压力的人像受伤的小鹿，跌跌撞撞地找到一个能让自己感觉到安全的山洞，跑进去花时间舔舐伤口。

如果世界上有什么方法能迅速激怒孩子，那一定是漠视他们的压力，“这么点儿小事至于吗”“你为什么打人”“哭什么，有什么好哭的”……最容易被忽略的压力源就是缺觉，身体不舒服带来的压力感最容易让孩子哭闹。但有多少孩子放了学不能马上写作业，要补课到晚上八九点，回家写作业熬到后半夜。学校课业压力、补课压力和缺觉如三座大山压得孩子喘不过气来，如同高压锅上的降压阀门，这个时候，你是选择堵上它，还是选择松松它？如果你决定帮助孩子松松它，那怎么松才能真的帮助孩子减压呢？

最容易被大人误解的减压方式就是动起来，不管是在屋里走动，还是让家长烦得不行的脚动、手动、身体动、嘴巴动，都是有效的减压方式。但遗憾的是，这些减压方式特别容易被误解为孩子捣乱、手欠、嘴欠、不老实、不听话，谁也想不到，其实孩子是在通过“乱动”的方式来减轻自己的压力。

粗暴地勒令孩子不许动、不许说，相当于剥夺了孩子自我降压的方法。成年人有压力可以靠做饭、做家务、收拾房间、打电话以及和好朋友倾诉来减压，孩子同样也需要自己的减压方式。

有一天，女儿没有任何征兆地气鼓鼓地坐在我身边，我默默地递给她一张纸，问她愿不愿意画下她的压力，于是有了下面这幅画。

我想，长大后，不管我的女儿在世俗的眼中是否成功，愿她在有压力，面对愤怒、嫉妒、悲伤、抑郁这些情绪时，可以靠画画等减压方法将自己从压力的旋涡中拉出来，这也许是能陪伴孩子一生的礼物。

让孩子从以下的减压方法中选择一种或几种尝试一下吧！

减压方法	首次尝试后孩子的反馈
离开现场，减少刺激源	
拥抱、亲吻孩子	
给孩子可以把玩的小物件	
闻鲜花的吸气动作和吹蜡烛的呼气动作，反复进行 10 次	

- 用嘴不断向大拇指吹气
- 看大自然中的叶子、花瓣
- 用手搓耳朵边缘，从上到下
- 用手揉眉心 20 下
- 嚼口香糖
- 闻橘子或柠檬的香味
- 喝水
- 反复按摩任意一根手指的第二关节至第三关节

提供“抱持”的环境

如果你有五件关于孩子的事想管，但只能选一件，你会选择哪件？

- A 孩子作业中的错题没改过来。
- B 今晚是给孩子吃面条还是吃米饭。
- C 明天上学孩子穿什么颜色的衣服。
- D 孩子回家没有把衣服挂起来。
- E 孩子和同学玩闹时被当众扒裤子。

作为家长，我们总是忍不住五件事都想管。别说五件事了，只要看到孩子没有做好的事，总是忍不住把所有能管的事都管了。但如果孩子生活中的每一个细节我们都忍不住要管，那他就没有“生门”了。

美国斯坦福大学新生管理处主任、哈佛大学法学博士朱莉·利思科特－海姆斯在《如何让孩子成年又成人》中这样形容自己接触过的不少高才生：“有的新生连话都不说，都是父母在边上代劳。”当孩子可以学着做的事，父母都去代劳，就会形成过度养育。到底怎么养育才不过度？到底应该管什么，又不应该管什么呢？

英国精神分析学家温尼科特通过观察 6 万对父母和孩子，认为孩子需要父母提供“抱持”环境，就像让孩子穿一双大一码的鞋，脚有一定的活动空间，有一定的舒适度，不管是走得大步流星，还是意外跌倒，都能听到这个“抱持”环境在说：“不论怎样，我都爱你，我相信你是一个好孩子。”这份被爱、被肯定的感受内化到孩子心里，就能变成克服困难的心理能量。温尼科特说：“让世界准备好接纳孩子的本能排山倒海般涌出。”

要求孩子穿什么颜色的衣服、吃哪种食物，事无巨细的管束会让人窒息。

有的家长会认为，小事不管了，大事总得管吧？作业中的错题没改过来，还要“抱持”？那怎么行，错题不改，考试成绩不好，那一辈子就毁了。可是，真的只有成绩是唯一的大事吗？

孩子最怕爸爸妈妈不爱他、这个世界不要他了，如果孩子坚信，不论何时，爸爸妈妈都爱他，会“抱持”住他，那么不管路上有多少困难和挑战，他都不会放弃。

086

让孩子有选择权

孩子总是管不住自己，不配合写作业，吃饭不规律，不停吃零食，手机一玩一整天，一点儿自律性都没有，怎么办？

当碰到孩子管不住自己的情况，你最担心的是什么？

Ⓐ 管多了，孩子更叛逆。

Ⓑ 不管，孩子更不自觉。

“管”难在尺度的把握，管多和不管都不行。教育孩子对很多人来说左右为难，就像雕塑，不雕不行，一雕又怕下笔毁了孩子。

有人不喜欢玩手机游戏吗？如果要在学生里做统计，可能没有人会不喜欢。游戏最大的魅力，就是让孩子有选择。选择什么装备、什么道具、什么皮肤、打什么怪兽，用什么必杀技……统统都可以选择，甚至是连环选择。

女儿上小学后，作业非常多，关于怎么能像打游戏一样写作业，我会给女儿选择的机会。

“三门作业你想先写哪一门？”

“数学！”女儿特别兴奋地说，“我最喜欢数学。”

“这两项数学作业，你最想先写哪一项？”

“算术纸这个，”她一点儿也没有犹豫，“因为它只有一页。”

“那语文，你最想先做哪一项呢？英语，你想先写哪一项呢？写完后你想玩什么呢？”

让孩子有机会选择，包括延伸到写作业以外的事情，比如，两支铅笔你选哪支用呢？两块橡皮你喜欢哪一块呢？每次给孩子买东西，都让孩子在你的预算范围内自主选，让他自己选衣服、自己选食物，选择越多，孩子越觉得人生是自己的，“我不是为别人而活”。

很多人会担心，如果给出选择，孩子不选，可怎么办？别急，我们回想一下，下列哪一种情况，孩子更有可能不选？

Ⓐ 批评孩子后。

Ⓑ 鼓励孩子后。

被批评的孩子哪有心思选择呢？在压力之下，孩子敢选择吗？是孩子不选，还是孩子不敢选？

2009 年，哈佛医学院精神病学副教授马丁 · 泰彻曾与波士顿儿童医院合作，研究使用弥散张量成像技术分析曾经遭受过父母言语暴力孩子的大脑，发现他们负责理解口语的韦尼克区和前额叶之间的连接减少。两个区域之间的连接越少，意味着孩子的语言理解能力越差。

很多人担心，如果孩子选了家长不希望孩子选的，怎么办？

“宝贝，咱们今天写作业还是不写作业？”如果孩子真选择不写作业，父母肯定不答应。既然知道不会答应，为什么要让他选择呢？答应让孩子选择，却提供不让孩子选的选项，这样做的结果就是失信后孩子不再相信父母。缺乏信任是最危险的亲子关系，从此孩子遇到人生中再困难的事也会自己扛。

有一句谚语：不要把孩子和洗澡水一起倒掉。在解决问题的同时，请留下孩子这个宝藏。

打败孩子的话	让孩子有得选，怎么说、怎么做
快去做作业！要不就把电视机砸了！	
又要迟到了，看老师怎么收拾你！	
为你伤透了脑筋，赶快滚去看书！	
怎么还玩手机，把手机没收了！	

用正峰值记忆提高内驱力

孩子太不自觉，什么事都要盯着他才做，只要不盯着就不做。写作业要盯着，连洗脸、洗澡、出门上学都需要盯着，孩子越养越心累，什么时候才能学会自觉呀？

请你用 0 ～ 10 分来评价，分数越高代表越自觉，分数越低代表越不自觉，现在孩子的自觉程度是几分？你还记得孩子 1 岁左右学走路的自觉程度吗？你给他打几分？

对比分数，你发现了什么？

孩子出生后，宛如一台动力十足的新车，对万事万物都充满好奇，不需要大人盯，很快就学会了吃奶、走路等技能。随着孩子慢慢长大，这台车的发动机开始卡顿，遇到紧急情况经常打不着火，动不动就抛锚，不得已大多时候得靠人用力推车，不推就纹丝不动，使劲推勉强动一下，这台状况百出的车，究竟哪里有问题?

驱动人行为的有两种动力：外驱力和内驱力。孩子刚出生，与生俱来的内驱力让任何一个婴儿可以在视力还看不清物体的限制下，用嗅觉和本能找到妈妈的乳头，吃到第一口奶水；1 岁后又是与生俱来的内驱力让任何一个学步期儿童获得了人类重要的行走技能。

美国认知教育心理学家奥苏贝尔将内驱力分为三种：认知内驱力、自我提高内驱力和附属内驱力。认知内驱力是渴望掌握知识的需求，即“好想学”；自我提高内驱力是通过努力做出贡献，取得成就、赢得社会地位的需要，即“想学好”；附属内驱力是想获得身边重要他人认可的需求，即“有人爱”。“好想学”的认知内驱力是直接的学习动机，“想学好”的自我提高内驱力是间接但更持久的学习动机，“好想学”是主齿轮，“想学好”在它的带动下，孩子的学习发动机会慢慢转动起来。因为“好想学”所以“想学好”，因为“想学好”所以“好想学”，这样越转越快，而每次遇到困难卡顿，“有人爱”就像润滑油，帮助他们共渡难关。

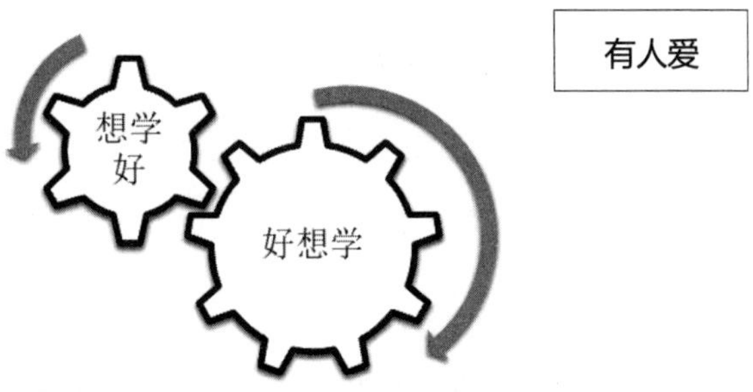

请看以下三句话，你认为它们分别破坏了哪种内驱力？

- “小孩子懂什么。”
- “这么简单的问题都不会。”
- “考不好就给我滚。”

Ⓐ“好想学”的认知内驱力。

Ⓑ“想学好”的自我提高内驱力。

Ⓒ“有人爱”的附属内驱力。

“好想学”的认知内驱力特别容易被语言暴力打压。认知内驱力与生俱来，在孩子还没上学的年纪，孩子每天都在问各种稀奇古怪的问题：“这是什么”“那是什么”“为什么是这样”“为什么不是那样”……这些哪里是“小孩子懂什么”的烦人和黏人，明明就是“好想学”的呼唤。在我创办的幼儿园里，老师们把这些问题都设计成教室里的活动内容，让孩子一起来玩：给一盆水和一堆小件物品，如球、石头、羽毛、积木，让孩子自己探索，什么东西会沉下去，什么东西会浮上来……这些不需要老师教，让孩子自己发现。

“想学好”的自我提高内驱力特别容易导致“超前学习”，从而使学习难度过高而破坏内驱力。“这么简单的问题都不会”，其实有没有可能是因为学得太早？ 2002 年诺贝尔经济学奖获得者、心理学家丹尼尔 · 卡尼曼发现，决定人的体验记忆的核心因素之一是最高峰的感觉，不管是正向的还是负向的最高峰。超前学习的过高难度让孩子体会的是负面的最高峰的感觉，“想学好”的自我提高内驱力活生生地被超前学习的负向巅峰体验卡死了。让人难过的是，自我提高内驱力是一种更持久的学习动机，如果不被破坏，孩子哪里需要培养什么自驱力呢？

家长“考不好就给我滚”的反应则一脚将“有人爱”的内驱力踩碎。爱尔兰诗人叶芝说，教育不是注满一桶水，而是点燃一把火。当孩子面临困难和挑战时，最需要的是被点燃。上初中的三年里，我幸运地遇到了一位特别幽默有爱的数学老师，在她的“点燃”下，我的数学“发动机”慢慢开始工作，产生了上数学课的愉悦感，大脑牢记这种愉悦感，翘首企盼下次数学课的兴奋让大脑更愿意调动所有资源来迎接它。我听得越来越认真，数学越学越轻松，成绩越来越好，因为“有人爱”的内驱力发动机启动了。一旦“有人爱”的内驱力发动机启动，会再次点燃“好想学”的认知内驱力和“想学好”的自我提高内驱力。德国哲学家、教育学家卡尔说，教育的本质意味着一棵树摇动另一棵树，一朵云推动另一朵云，一个灵魂唤醒另一个灵魂。

内驱力类型	帮孩子创造正向峰值记忆
“好想学”的认知内驱力	
“想学好”的自我提高内驱力	
“有人爱”的附属内驱力	

Chapter 5

孩子的时间总是不够用怎么办

学习柳比歇夫的时间记录法

孩子没有时间观念，看着一天到晚忙忙乎乎的，但作业写不完，钢琴不记得练，要考试了也不复习，每天都浑浑噩噩的。看着别人家的孩子学习成绩好，有那么多特长，还有时间出去玩，作为没有时间观念的孩子的家长，怎么办？

时间面前，人人平等。不同的是，每个孩子的利用效率和达到的效果不同。

有这样一位“学霸”，1890 年出生在苏联，他是昆虫学家、哲学家、数学家，一生出版了 70 多部学术著作，研究范围包括科学史、农业、遗传学、植物保护、哲学、昆虫学、动物学、进化论、无神论等，自学了英语、德语、法语。作家格拉宁专门用一本书《奇特的一生》来向全世界的人介绍他的学习方法，这本“以真人真事为基础的文献性小说”写道，他在 26 岁从部队复员回来，开始践行时间记录，坚持记录 56 年中每一天的时间分布，不断分析和优化，直到 82 岁去世。他就是苏联的亚历山大·亚历山德罗维奇·柳比歇夫。格拉宁说，每个人都应当制订自己的时间使用法。

有人未免会想，这也太严格了，像把自己变成机器人一样，为什么要这么做？

因为，这看起来很笨，却是有效感知时间的方法。

柳比歇夫是如何记录时间的呢？

比如，这是柳比歇夫 1964 年 4 月 8 日的一天。他花在鉴定袋蛾上的时间为 2 小时 20 分钟；花在写袋蛾报告上的时间为 1 小时 5 分钟；给达维陀娃和布里亚赫尔写了长达 6 页的信，花了 3 小时 20 分钟；看《乌里扬诺夫斯克真理报》15 分钟；看《消息报》10 分钟；看《文学报》20 分钟；看阿·托尔斯泰的《吸血鬼》共 66 页，花了 1 小时 30 分钟。当天工作时间合计 6 小时 45 分钟。

为什么柳比歇夫能如此自律？

他认为，比记录更重要的是复盘。每到月底，他会对当月的工作时间总结复盘，其中对某月的复盘总结了他用在学习上的时间为 59 小时 45 分钟，细致分析到读相关书籍共计 12 小时 55 分钟，并细致分析到读每本书花费了多少分钟。除了每月复盘，每年也复盘，例如，1940 年全年工作时间共 1560 小时，平均每天 4.27 小时；1943 年全年工作时间共 1612 小时，平均每天 4.42 小时；1966 年全年工作时间共 1906 小时，平均每天 5.22 小时。

为什么每天工作时间这么少，不是 8 小时工作制吗？

因为他只记录了黄金工作时间。他认为，人一旦感到劳累必须马上停止工作去休息，不要为了假装努力而工作。当记录时间后，我们会发现工作和享受生活没有矛盾，我们花了太多时间假装努力，我们也花了太多时间让孩子假装努力。

女儿从小兴趣广泛，看到什么都想学。3 岁时，她路过琴房就被好听的钢琴声吸引了注意力，好几次，她都想让我给她买一架，我和她反复确认是否真的想学，终于在她 4 岁时给她买了一架她心心念念的钢琴开始练习。琴练了半年，她在幼儿园的好朋友学了跳芭蕾舞，于是她也想学跳芭蕾舞；然后又想学画画；又加入了学校的体操队和足球队。每个周末和课后她都在各个兴趣班之间奔波，时间紧张得经常在车上换芭蕾舞鞋和体操服。有一次试听完编程课，她也想学，看了下记录的时间，她自言自语地说："学太多，排太满。"我和女儿一起记录时间、复盘分析，发现太多时间、太多精力被毫无意义地消耗掉了。我问她："你准备好怎么选了吗？"

最终，女儿只保留了钢琴这一门兴趣课，其他全部放弃了。但这样做并没有让她丢掉这些兴趣，她不再去上绘画班，但还是会经常画画。她学会了选择自己喜欢的，而不是别人喜欢的。如果不记录时间，我们永远发现不了哪些是真正让我们热爱的。

上三年级以后，女儿开始抱怨作业太多，写作业时间太长。我马上附议：“妈妈也总是觉得工作多得做不完，每天回家都没有时间休息，总是熬夜到凌晨。咱们一起记录时间，看看会不会找到什么解决方法？”

分析了时间记录表之后，女儿居然发现了自己的秘密，说：“别看坐在桌前看起来在学习，时间足足有 2 小时 15 分钟，但真正统计下来，黄金时间只有 45 分钟。”为什么感知到的学习时间和实际发生的绝对学习时间会有这么大的差异呢？

事件	花费时长	是否为纯粹学习时间
去接水	10 分钟	否
吃橙子	35 分钟	否
削铅笔	15 分钟	否
写作业	45 分钟	是
收拾书包	30 分钟	否

记录时间后，女儿一下子意识到原来不是作业多，而是有很多时间被无意识地浪费掉却归到了写作业时间中。她对作业多的抱怨不见了，取而代之是拿着计时器来计算写数学、语文和英语作业分别用时多少，今天与昨天比有没有快一点点，不管这一点点是不起眼的 1 分钟还是 2 分钟。把对作业时间不够用的抱怨转换成记录学习时间的乐趣，孩子就像指南针上的指针一样，自动校准了方向。

柳比歇夫只记录觉得有价值的事件，每天能做到 6 小时工作时间已经是极限了，这些时间被称为黄金时间。对于孩子来说，不用一开始就记录每天 24 小时的时间进程，可以先从记录黄金学习时间开始。

记录时间会不会浪费更多时间呢？

柳比歇夫的女儿曾回忆，她记得小时候和弟弟一起到书房去找爸爸问问题，每当爸爸开始耐心回答他们的问题时，总要在纸上做一个记号，她知道父亲是在记录时间。记录时间不需要长篇大论，简要记录下要做的事和开始、结束的时间即可。

如果孩子不愿意记录时间，怎么办？

在教育孩子这件事上，行胜于言。在过马路的时候，如果只有孩子需要遵守交通规则，所有成年人都不用遵守，孩子们会有什么反应？他们会乖乖遵守交通规则，还是会像成年人一样不遵守规则？同理，如果在记录时间这件事上，父母不记录时间，只监督孩子，孩子记录时间的可能性极低。但是如果父母先开始记录时间，那么不需要刻意教，孩子就会主动跑过来兴奋地说："爸爸（妈妈），我想记录时间，你能告诉我怎么记录吗？"

教育充满了不确定性，有时让人焦虑。如果非要找什么确定性，能被我们掌控的就是时间的分配。当看到孩子像柳比歇夫一样记录好当下度过的时间，再不确定的未来，也有妥妥的时间上的安全感。

在让孩子填写柳比歇夫时间记录表之前，请先记录父母自己的时间，坚持 7 天，告诉孩子你的发现。

日期（坚持7天）	事件（只记黄金时间）	花费时间（精确到分钟）

103

用空间换时间

孩子坐在书桌前想写数学作业，突然看到铅笔秃了，就去削铅笔，铅笔削完刚写了几行，发现写错了，需要橡皮，于是到铅笔盒里找橡皮，找不到，开始翻抽屉找，也没找到，但是看到抽屉里的史莱姆玩具，没忍住拿起来玩了一会儿。

看到孩子这样写作业，你会怎么做？

Ⓐ 没收孩子正在玩的玩具。

Ⓑ 帮孩子削铅笔、拿橡皮。

孩子本想好好做作业，偏偏被铅笔、橡皮、玩具转移了注意力。没收玩具容易引发孩子的情绪波动，更容易造成拖延；帮孩子削铅笔、拿橡皮，治标不治本，即便削好了铅笔、找到了橡皮，还会有格尺和文具盒等问题跑出来，怎么办？

新年的第一天，我在收拾房间，女儿不解地问我：“妈妈，你的书稿还没写完，怎么有时间收拾屋子呀？”

“收拾完我才有更多时间。”我回答说。

“为什么收拾完会有更多时间呢？”女儿有点儿困惑地看着我。

“如果妈妈的衣服有100件，每次找衣服，就得在100件中找。收拾完之后发现常穿的只有10件衣服，就节省了原来在100件中找衣服的时间。”

从空间下功夫比从时间下功夫更有抓手。同理，如果孩子书桌上有100件物品，每次孩子想学习，就要面对桌上100件东西的诱惑。如果桌子上只有学习用品，孩子写作业时想不专注都很难。

你统计过孩子的书桌上到底有多少件东西吗？

通常来说，那么多东西都在干扰他的注意力，尤其在最需要学习自控力的环境。日本教育家西村则康说，进入一个家庭客厅中的那一刻，就知道孩子的学习成绩。

环顾一下你家的客厅，其中最多的物品是什么？

A 食品，如水果及各种零食等。

B 学习用品，如图书、地球仪等。

C 娱乐用品，如棋盘、电视机等。

D 工艺品，如各种玩偶、公仔等。

105

小时候，我去舅舅家做客，总是听到电视机超大的噪声和舅舅妈催促表哥写作业的喊声。环境会对人产生强烈的暗示，无形中削弱人的自我控制力。

不想让孩子输在起跑线，却忽略了最重要的空间环境，不只是人身之外的空间，更有内心的空间。

坐在书桌前，就认真写作业；坐在沙发上，就专心看书；坐在地板上，就耐心陪孩子玩；上床了，就按时睡觉。在固定的空间做固定的事，让大脑形成看到空间的条件反射，不需要那么多意志力逼自己，固定重复就能养成习惯。遗憾的是，我们总是和空间作对，非得躺在床上刷手机，大脑被欺骗得认不出来这是睡眠场景，造成空间和时间错乱。

《习惯的力量》一书的作者查尔斯·都希格把人的习惯开关分为五类，即特定时间、特定空间、特定感觉、特定任务、特定行为，对孩子最友好的是特定空间。

在幼儿园中，为了让孩子养成学习习惯，我把教室内分成不同的特定空间，如日常生活区、感官区、数学区、科学区、语言区，孩子们走到不同的区域，到不同教具柜里拿到不同教具专心“玩”，比安排一个老师在二十多个小朋友面前用时间安排表“赶羊式”的教学方式更简单、更有效。就像你去逛商场，是一个售货员拿着大喇叭在商场门口嚷着给你介绍一件一件商品，还是进入一个设计了巧妙动线、环境宜人的空间环境，你更想购买？

成年人如此，孩子亦然。孩子躺在床上看书，没有在合适的空间做合适的事，后果就是管不住自己，干脆躺着睡一觉再起来看。孩子在书桌上放的玩具多了，写作业的时候也会情不自禁地玩。孩子在电视声音大的场景中写作业，要好好学习，对孩子来说就非常难。

用空间换时间，只要能进入“如果……就……”的场景，就一定能在时间维度上改变结果。

107

如果	就
坐在书桌前打瞌睡	原地蹲下后再起立，至少做20下
进考场紧张	双手搓双耳外廓至少10下

108

用“能量标记法”提升效率

孩子做事总是没效率，每天慢吞吞的，迷迷糊糊的不是忘带东西到学校，就是把作业本落在学校，写作业时总是提高不了效率，怎么办？

如果把一个人比喻成一个水杯的话，你美美地睡了一觉，清晨水杯里的水是满满的。早上发现做饭的燃气炉坏了，没有办法做早饭，你的心情跌入谷底，水杯里的水就少了一些；叫孩子起床的时候孩子拖延，水杯里的水又少了一些；老公打来电话说今天临时有会，下班不能去接孩子了，水杯里的水更少了；工作上碰到困难，还跟同事发生了一点儿不愉快，水杯里的水快见底了；回到家时，孩子还没写完作业，也没练琴，水杯里的水见底了。

“妈妈，这个字怎么写？”“妈妈，这道题怎么做？”当水杯里的水越少，人就越容易发火，并不是大人情绪管理得不好，也不是孩子有多么气人，只是因为人累了。当成年人的水杯空空的时候，怎么可能给孩子的杯子里倒水呢？最重要的是先给自己的水杯里加满水。

父母水杯里的水越少，对孩子的杀伤力越大。如果亲子关系被破坏，还要花很多时间去修复。只有父母不断提升杯子里的水位，才能帮助孩子学习如何管理自身能量。你可以问问孩子，如果他是一个水杯，他的水位在哪里？如果水位比较低，这个时候一定要先加水，怎么加水？

随手找到一些迷你增加能量的方法，比如，戴上耳机听一首歌，利用上厕所的时间把这首歌听完。想一想，你自己喜欢用什么样的方式来加满能量？

Ⓐ 敷一张面膜。

Ⓑ 打开手机玩一会儿游戏。

Ⓒ 网上购物，给自己买一件之前不舍得买的衣服。

父母能量杯里的能量需要不断补充。父母加满了能量，就不容易跟孩子随便发火，当父母不跟孩子发火的时候，都有能力跟孩子好好沟通了。

能量标记法不仅适用于成年人，也适用于孩子。我们要经常看一看身边人的能量杯中能量的多少，比如，你的家人因为一点儿小事发脾气，这时候你观察一下，他的能量杯里的能量一定很少，你会做哪件事让他的能量变满？这样是不是也会缓和矛盾？

孩子上了一天学，回来已经很累了，不想练琴，不想写作业，有时候仅仅就是因为累了。能量杯标记法并不是不让孩子做作业、练琴，而是可以先跟孩子说，妈妈知道你有点儿累了，我们一起跳绳来恢复一下能量，或者让孩子在妈妈的怀里像小宝宝一样闭上眼睛待几分钟……慢慢地，孩子就能学会管理自己的能量，进而就能管理好自己的情绪，最终也能管理好自己的时间。其实时间管理的本质并不是管理我们的时间，而是管理我们的能量，进而管理我们的情绪，达到管理时间的效果。

人的生理时钟会影响注意力。成年人会在刚起床，还没完全清醒的状态下学习吗？肯定不会。孩子不是机器人，他是和你我一样的人。当孩子的能量加满时，他处在清醒的状态，注意力训练可以加速孩子的大脑运转，也更能让孩子获得成就感。

如果晚上 7 点孩子写作业特别容易犯困，试着把写作业的时间提前到吃晚饭之前孩子的能量数值较高时；或者在孩子犯困的时候带孩子蹦一蹦，提升一些能量值。只要能找对时间段，孩子都会痛快完成作业，或更好地练琴。

孩子越小开始标记能量杯，养成的习惯越好。如果现在你的孩子还没有上学的话，你可以观察一下，孩子能量值高点在什么时候，是早上、下午还是晚上？我们可以把孩子看绘本和学习儿歌的活动放在能量值较高、对专注力要求比较高的时间段。如果你的孩子刚刚开始标记，也别担心以前落下了什么，因为任何时候开始都不算晚。比如，孩子写作业时，当你发现孩子开始走神，坐不住了，就要带他起身活动一下，让大脑保持清醒，再继续学习。因为当孩子开始走神、反应迟钝时，意味着他的大脑“快睡着了”，需要一些动态活动来激活。

以 0 ～ 10 分评估一下孩子的能量和父母的能量在 24 小时内的变化，看看会发现什么？全家人一起比对一下答案。

时间	孩子的能量	妈妈的能量	爸爸的能量
7 点			
9 点			
11 点			
13 点			
15 点			
17 点			
19 点			
21 点			
23 点			

112

不吝啬表达爱

别人家的孩子为什么琴棋书画样样精通，学习成绩还那么好？同样一天24小时，为什么我的孩子总是没时间学习，也没什么特长？这么小就拉开了差距，长大可这么办？

最让父母不淡定的，无疑是孩子之间的比较。美国耶鲁大学教授法布里奇奥·齐利博蒂在《爱、金钱和孩子》这本书中，从经济学的视角分析了父母不淡定的原因，认为收入差距越大、教育投入回报率越高，父母越会“鸡娃”。相反，收入差距不大、教育投入回报率不高，父母则会很淡定，因为如果拼了命成为排名靠前的人，所得也没有比社会平均工资高多少，那还不如放手让孩子自己追求自己喜欢的人生。

英国精神分析学家温尼科特曾说，孩子必须确认自己可以随时回家，才会安心地向前发展。父母催得久了、逼得紧了，孩子没有办法前进，不仅没有了时间观念，也忽略了亲子关系中最美好的爱。

中国的父母都不善于用语言表达自己对子女的爱，总是喜欢借用“物质”和“间接行为”表达爱。我们往往愿意给孩子做一桌可口的菜肴，跑遍菜市场找到孩子最爱吃的菜，但是偏偏在每天仅有的短暂的亲子交流时间来逼孩子学习，也不好意思直接向孩子表达爱。

中国近代思想家、政治家梁启超的九个子女个个成才。梁思顺是诗词研究专家，梁思成是著名建筑学家，梁思永是著名考古学家，梁思庄是著名图书馆学家，梁思懿是著名社会活动家，梁思礼是著名火箭控制系统专家……梁启超是位“另类的父亲”，和中国大多数父亲不同，他经常会直截了当地对孩子说“我爱你”。梁启超一生给子女写了400多封家书，总计百余万字。他曾在给孩子们的信中如此表白:“你们须知你爹爹是最富于情感的人，对于你们的爱情，十二分热烈。”梁启超给予孩子的，恰恰是爱。鸡蛋从外打破是食物，从里打破是生命，这就是梁启超给九个子女的爱的力量。

有多少人长大后不敢肯定自己的切身感受，会为自己不高兴而感到愧疚？父母只关注孩子的生活需求和学习成绩，而无视孩子的情感需求，会让孩子觉得“我应该觉得快乐，我的生活那么好，我为什么还会感到难过”。如果不加以改变，这种说不出哪里出了问题的内心空洞感会伴随孩子一生。

你愿意对孩子说哪些话表达爱？

Ⓐ 无论怎样，我永远都会爱你。

Ⓑ 每当我感到难过的时候，只要想起你就感觉好些了。

Ⓒ 很感谢这辈子有你在我的生命里。

Ⓓ 你对我非常重要，我爱你。

Ⓔ 我喜欢做你的爸爸（妈妈）。

Ⓕ 我喜欢你和你的一切。

Ⓖ 我会一直支持你，一直爱你。

Ⓗ 我喜欢和你在一起，无论做什么。

Ⓘ 我是你的忠实粉丝。

Ⓙ 是你让我成为更好的人。

Ⓚ 即使我对你做的某件事感到难过，我也仍然爱你。

从今天开始，你愿意尝试以下哪些对孩子直接表达爱的方式？

Ⓐ 叫孩子起床，跟孩子比赛叠被子，谁叠得快，就请对方亲自己一下，并说“我爱你”。

Ⓑ 当孩子没有取得好成绩时，或帮助父母递东西、拿碗筷时，对他说：“不管怎样，我都爱你。”

Ⓒ 当孩子学习遇到困难时，给孩子写一张“无论怎样，我都爱你”的小纸条，藏到孩子的枕头下或笔袋中，等孩子发现。

D 当孩子看起来难过时，送给孩子一件爱的信物。可以是一朵花，可以是一件有意义的纪念品，也可以是印在额头的一个吻。

E 在回家的路上，用手在孩子的小手里写“我爱你”这三个字。

F 给孩子写一封信，临睡前读给孩子听，用“你说，妈妈怎么就生了你这么好的宝宝呢”替代“晚安”。

用爱化解焦虑，“见缝插针”地向孩子表达爱吧。

Chapter 6

孩子不爱学习怎么办

用兴趣长板撬动学习短板

我的孩子总是喜欢打游戏、看闲书，不好好学习，和他一聊学习就转移话题，也不愿意和父母多说话。眼瞅着孩子学习成绩落下来，也不知道从哪里入手。怎样才能培养孩子主动学习的好习惯？

我们先来了解一下，当孩子向你提问时，你会怎么回应？

Ⓐ 我不知道，小孩子问这么多没用的干吗？快去学习！

Ⓑ 这都不知道，上课听什么了？下次再不好好听课，看我怎么揍你！

Ⓒ 这个问题我也不知道，咱们一起查查吧！

孩子的提问，不管问的是哪方面的问题，与目前的学习内容是否相关，都是孩子好奇心被点燃的表现，这簇火苗就是源源不断的学习兴趣的开端，打压了一次，就等于吹灭了如火种一样宝贵的学习兴趣。而“看我怎么揍你”这样的回应让孩子再也不敢提问，只能把所有疑问憋在心里，慢慢地，孩子开始搞不明白学习到底为了什么。

《超级激励者》一书的作者西蒙·斯涅克是知名广告人，他受邀做 TED 演讲，分享为什么世界上有的人比其他人更出色。这是因为他们在做事之前，先不着急立刻动手做，而是先问：“我为什么要做这件事？”每个人都知道自己是做什么的，但只有少数人知道自己要如何做，仅有极少数人明白自己为什么要这样做。从“为什么”出发的人，才最有可能改变一切。

孩子是这个世界上最愿意问“为什么”的人。为什么云彩不是蓝色的而是白色的？为什么这朵花的花瓣不是 5 瓣而是 4 瓣？为什么兔子的耳朵那么长？

孩子常常让父母有些窘的“为什么”就是现在学习中最稀缺的兴趣。父母往往关注学习这件事本身，却忘了学习到底是为什么。孩子抗拒学习，是因为没有找到为什么而学的兴趣。发现孩子的兴趣，提供与兴趣相关的资源，即便所有人都不看好他，他依旧可以在兴趣中获得知识。

有这样一个孩子，刚入学 3 个月就被学校劝退，因为老师觉得他在课堂上总问一些莫名其妙的问题捣乱，于是对他的妈妈说：“你的孩子太笨，是个低能儿，马上领回家去，免得影响其他的孩子。”

如果你是这位妈妈，你会如何选择？

Ⓐ 相信老师说的话，求老师再给孩子一次机会。

Ⓑ 不相信自己的孩子是一个低能儿，退学领回去自己教。

Ⓒ 稳住自己的心，告诉孩子“你不笨”。

幸运的是，这个孩子有一位对他充满信任的母亲。面对孩子一连串的问题，妈妈从不直接给出答案，而是送给他相关的书籍，和他一起阅读，共同寻找答案。10 岁时，他在妈妈的帮助下，在自家的地下室里建起了一个私人实验室。这个孩子就是爱迪生。世人都知道爱迪生的大名，却没人知道爱迪生背后有这样一位伟大的妈妈默默支持他实现自己的梦想。

帮孩子找到兴趣所在，做那些孩子平时没尝试过的事，只要是孩子喜欢，都能走出一片自己的天地。学习是为了让孩子敢做自己，一个有自己兴趣的孩子是不会成为弱者的。

请找一张跟孩子等高的大白纸，让孩子躺在白纸上，画出孩子的轮廓，问问孩子的兴趣是什么，不评价兴趣的好坏，把兴趣记录在人形轮廓中心脏的位置。和孩子对话，不是要一个答案，而是启发孩子去思考。无论孩子给出的答案是什么，都没有对错之分，重要的是问孩子“为什么”。写好兴趣后，和孩子查一查，需要学习什么才能更好地发展这个兴趣。

如果孩子的兴趣是做一名宇航员，就让孩子把“宇航员”写到人形心脏的位置，和孩子发起头脑风暴讨论一下，现在学习的科目对成为宇航员有何帮助。比如，数学能让宇航员了解操作宇宙飞船需要掌握的知识，英语能让宇航员在太空站和其他国家科学家交流，语文能让宇航员写下翔实的太空日记。如果孩子的兴趣是当摄影师，让孩子把“摄影师”写到人形心脏的位置，和孩子发起头脑风暴讨论一下，现在学习的科目如何帮助他实现这个理想。比如，数学让摄影师知道如何设置焦距和拍摄角度，英语让摄影师可以和国际摄影师切磋交流，语文让摄影师能把自己拍摄的照片用最美的文字升华。如果孩子的兴趣是成为一名赛车手，让孩子把“赛车手”写到人形心脏的位置，和孩子发起头脑风暴讨论一下，现在学习的科目如何帮助他实现这个理想。比如，数学可以帮助赛车手在比赛时精确计算弯道超车的速度，英语可以帮助他和世界上的优秀赛车手交流，语文可以让他用文字记录比赛过程。

孩子找到他的兴趣点，就不再是为父母而学习，不再是为老师而学习，而是为自己的兴趣而学习。只有兴趣才能撬动孩子的学习动力，就像内置在孩子心中的指南针，告诉他一生应该往哪里走。

用“显摆”的方法巩固知识

孩子答应得好好的，要努力学习、认真写作业，可一到具体做时还是老样子，没什么改变，把之前信誓旦旦的保证忘得一干二净，怎么办？

回想一下，你和孩子一起订过哪些目标？

Ⓐ 努力学习。

Ⓑ 多看书。

Ⓒ 认真写作业。

Ⓓ 好好考试。

怎么做才算努力学习呢？如何做才叫多看书呢？怎么考量有没有认真写作业？考试哪里没有好好考？订下这样的目标，因为描述模糊，所有人都会对标准产生迷茫。“真心想好好学习，想考出好成绩，就像我想爬那座名叫‘目标’的大山，爸爸妈妈，请问我走哪条路到山脚下，我爬哪条路有抓手可以登上去，关键是我为什么要站在那座大山顶端，站上去是要做什么呢？为什么非要爬这座山，不去爬另一座山呢？”孩子也许会这样表达他的疑惑。

查理·芒格说，我们只有学习了学习的方法之后才能成为高手。原来，学完知识马上“显摆”出来用上，有了应用场景，孩子的学习动力就会因为有反馈而自行运转。学习是一个猜想—显摆—改进的过程。学习是为了降低世界在你心目中的不确定性，显摆提供了最合适的沃土，并及时让孩子知道了下一步怎么改进。

德国心理学家赫尔曼·艾宾浩斯经过三十几年的研究发现了这样的事实：一大半学习内容的遗忘发生在刚学完后的几小时内，1小时后会迅速忘记56%的学习内容，绝大多数遗忘发生在1天内，1天后居然会忘记74%的学习内容。一些记忆只能存在几分钟，这些记忆被称为短时记忆。还有一些记忆可以持续数天或数月，甚至一辈子，这些记忆被称为长时记忆。人只有通过固定时间重复的方式，才可以把短时记忆转化为长时记忆。

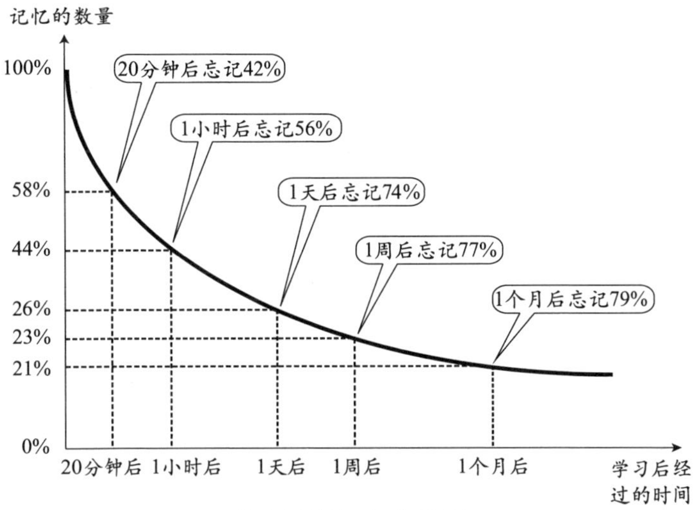

艾宾浩斯遗忘曲线图

边学边“显摆”，就等于把如沙子般随风飘散的短时记忆逐渐转化成如水晶球一样的长时记忆。通过多次“显摆”可以在沙子被风吹走前凝结成水晶球，固定在大脑皮层中。有水晶球的存在，人就可以随时从大脑皮层中提取水晶球里的场景和片段。

“显摆”会不会让孩子翘尾巴、变得自大呢？

“显摆”的目的不是为了打压别人、抬高自己。最让我难忘的一次学习经历，是在长江商学院接受的“黑暗中的对话”体验式培训。在完全黑暗的环境中，看不到任何光亮，我们要在黑暗中完成合作搭积木、合作倒水、合作分配食物的任务。最让我们崇拜的是教练，他们是怎么在黑暗中精确找到位置，帮助我们辨别物品形状、方位的呢？

灯打开那一刻，我们都惊呆了，这些在黑暗中无所不能的教练居然是拿着盲杖的盲人。他们在光明世界里的劣势变成了黑暗世界中的优势，无所不能恰是因为有所不能。一个劣势，会逼出另一个优势，这就是代偿。

正是因为有障碍，所以才有通过“显摆”优势代偿劣势的可能。

疏通烦恼，轻装上阵

孩子总是心事重重，做作业时经常愣神，“内心戏”特别多，动不动就不想做了。问他怎么了也不愿意说，晚上还经常失眠，怎么办？

当大人有烦恼时，通常会向谁倾诉呢？

Ⓐ 另一半。

Ⓑ 长辈。

Ⓒ 朋友。

当孩子有烦恼时，通常会向谁倾诉呢？很多父母听到这儿一愣，有时还会说：“这么小的孩子，能有什么烦恼，别整那些没用的，赶快学习去！”孩子真的如大人想的那样没有烦恼吗？

我创办的幼儿园课程中会有个“圆圈时间”，孩子们会在这个时间拿着发言棒，说出自己的烦恼和愿望。我印象最深的是一个4岁男孩的发言：“我的烦恼是爸爸妈妈吵架了，我的愿望是希望他们不要离婚。”我和老师一下子就明白为什么这个男孩最近在班里专注力下降，总是和小朋友起冲突了。孩子心里压着一块大石头，每天带到幼儿园里，不管做什么都沉甸甸的，压得孩子透不过气。孩子真的小到感觉不到家里剑拔弩张的气氛吗？后来家访发现，爸爸妈妈怕影响孩子，一直不敢在孩子面前吵架，只能隐忍着通过微信吵架。奇怪的是，孩子没有听到吵架声，但心里什么都明白。美国著名心理学家艾伯特·赫拉别恩曾提出过一个公式，即信息交流的效果 =7% 的语言 +38% 的语调语速 +55% 的表情和动作。即使避开了 7% 的语言，孩子也能敏锐感受到余下 93% 的弦外之音。孩子心里的不解越积越多，就变成了一堆一堆的烦恼。

请孩子在以下烦恼中选择最近困扰他的事。

Ⓐ 家庭不和。

Ⓑ 与同学相处得不好。

Ⓒ 受到老师批评。

Ⓓ 作业太多。

Ⓔ 成绩不理想。

请孩子写下 5 件让他烦恼的具体的事。

1	
2	
3	
4	
5	

大脑是用来进行决策和行动的“司令官”，如果孩子的脑子里堆积了太多烦恼，怎么有心思好好学习呢？如果把大脑比作电脑，光忙着让电脑高效工作，不清理内存，电脑速度能快起来吗？把烦恼从大脑中导出，大脑才会轻装上阵，真正帮助孩子提升学习效率。

我们先来做一个灵魂拷问：在你的家庭中，是孩子听父母的烦恼多，还是父母听孩子的烦恼多呢？

“别人家的孩子都考100分，你看看你，考这么低的分数，以后怎么办？对得起我们这么辛苦赚钱吗？”大多数人理直气壮地以为是孩子给父母添了那么多烦恼。但让人惊讶的是，在家庭中，孩子往往是父母烦恼的被动接受者，父母常常听不见孩子的烦恼。孩子不会像父母一样主动去倾诉烦恼，通常孩子化解烦恼的方法就是哭，而遗憾的是，“让孩子想哭多久就哭多久”常常被误解为会惯坏孩子。孩子不能哭的压抑叠加被动听大人的责骂，让抑郁症在“青少年疾病及残障”的致因中排行为第一。

心理学上如何区分谁是成年人、谁是孩子？这不是年龄决定的，而是依据谁来化解谁的焦虑和烦恼决定的。如果是 A 化解 B 的焦虑和烦恼，A 就是心理意义上的成年人，B 就是心理意义上的孩子。为“不能让孩子输在起跑线上”的想法而焦虑的父母，是不是靠孩子在化解焦虑和烦恼？孩子变成了心理意义上的大人，而这种关系并不健康。

把孩子的烦恼一项一项找出来，虽然花时间，但找出来后会发现孩子的学习成绩会有提高。

请选择愿意尝试和孩子找出烦恼的说话方法。

Ⓐ 什么事让你这么烦恼？

Ⓑ 等你准备好了，我愿意听你说。

Ⓒ 如果需要一个拥抱，我在这儿等着你。

Ⓓ 我怎么做才能帮助你感觉好一些呢？

Ⓔ 我能看出来你很难过，你想告诉我吗？

Ⓕ 我在听，你说。

Ⓖ 你知道吗，我真的很爱你。

正向鼓励孩子

孩子总说“我不想上学”，学习对他来说很痛苦。他什么都不愿意尝试，做什么都没信心，干什么都提不起精神，这该怎么办？

当孩子厌学，你会选择哪种回应方式？

Ⓐ 为什么不想去？老师批评你了吗？同学欺负你了吗？学校的饭不好吃吗？

Ⓑ 是不是又闯祸了？再让我发现你在学校不老实，看我怎么收拾你！

Ⓒ 你看看人家的孩子，学习那么好，你跟人家多学学不行吗？

以上不管哪种方式，都会对孩子造成伤害。你经常对孩子说的这些话，像极了催眠，会印在孩子的潜意识中。

一个 17 岁的美国少年不幸感染了脊髓灰质炎，他瘫痪在床。医生对他说："就算你能活下来，也站不起来了。"但他靠顽强的毅力，不仅站了起来，而且靠一艘独木舟独自完成了密西西比河漂流。

这个少年就是后来的"现代催眠之父"米尔顿·艾瑞克森，他挑战了医生对他"再也不能站起来"的心理暗示，用正向的自我催眠，不仅改变了自己的一生，也改变了很多人的一生。

"你怎么那么胆小"，父母对孩子说了多少遍这样的话，就将"胆小"这个特质在孩子的潜意识中植入了多少遍，孩子就会如你"期望"的那样越来越胆小。"你怎么这么笨"，父母对孩子唠叨多少遍，孩子就如你"期望"的那样越来越笨。担心孩子输在起跑线上，越担心，孩子越容易落后，因为孩子的起跑线不是别人，就是父母。在一段亲子关系中，如果家长每天和孩子在一起不停地释放负面"情报"，不停给孩子负面的催眠，"你厌学！""你成绩不好！""你不如别人！"孩子一辈子都走不出负面心理的深坑。而如果你引导孩子积极向上："你想做一个好孩子，你在努力，我相信你！"会发生什么？

在我创办的幼儿园里，老师会给家长留作业，让家长写下孩子的 20 个优点。是的，你没听错，是 20 个优点。

这是我写下的女儿的 20 个优点：

1．观察能力强，我看不见的差别她可以一眼看到。

2．秩序感强，甚至教我叠被子和衣服。

3. 用色表现大胆，画画的时候，还有自己搭配衣服的时候很有自己的主见，虽然有时候大人不认同。

4. 语言表达能力强，敢于在不同场合表达自己的意见。

5. 逻辑分析能力强，举例子很有条理。

6. 情绪表达能力强，会表达自己的难过。

7. 自我保护意识强，有危险的事绝对不贸然行动。

8. 能听取别人的建议，只要讲清楚道理，她都能接受。

9. 审美能力强，对美的事物经常发表赞美之词。

10. 热爱音乐，还经常拉着爸爸去听音乐。

11. 责任感强，在家里监督姥爷戒烟。

12. 有环保意识，在学校、在家都是环保小卫士。

13. 爱看书，一看能看半天，周末最喜欢去的地方是书店。

14. 能坚持，学琴很苦，但她很笃定，不退缩。

15. 有竞争意识，比如会和弟弟比谁先到门口。

16. 有自己的想法，会自己选择喜欢的小学。

17. 勇于突破自我，学习英语的热情空前高涨。

18. 动手能力强，能自己制作书签、给盒子涂色。

19. 能在闹钟的帮助下自己独立起床。

20. 愿意和别人分享，愿意花时间教弟弟画画。

请列出你的孩子的 20 个优点。是的，你没看错，是 20 个。

1	2	3	4
5	6	7	8
9	10	11	12
13	14	15	16
17	18	19	20

Chapter 7

孩子做事没毅力怎么办

拿走孩子头上的“锤子”

和孩子说好要坚持的事，他却怎么劝都不愿意做，英语、钢琴、画画，学什么都是半途而废。这么没有毅力，长大可怎么办？

在批评孩子前，先给自己的毅力评个分。分别就以下任务自己的坚持程度打分，10 分为最高分，0 分为最低分。

任务	评分
减肥	
戒烟	
不熬夜，早睡觉	
回家不看手机，专心陪孩子	

如果你的每项评分为 10，恭喜你，你的孩子绝不会没有毅力，因为他每天耳濡目染，有这样的父母当榜样，想不坚持都很难。但如果每项评分没到 10，也不代表你没有毅力。

比如我，虽然在减肥这件事上没有坚持下来，一闻到食物的香味就忍不住想吃，总想“明天再减肥也来得及”，但在写作这件事上，不管碰到多大的困难，我都能坚持下来。你觉得我到底是一个有毅力的人，还是没有毅力的人呢？

如果我是一个有毅力的人，写作的毅力有一天会蔓延到减肥这件事上，总有一天，我对着镜子的时候会看到一个崭新的自己。如果我不是一个有毅力的人，仅有的热爱写作的毅力也会因此打折，就像气球被自己亲手扎破后，仅存的信心也消失殆尽。

谁来决定我是不是一个有毅力的人，是别人还是自己？

我的女儿 4 岁时曾不小心从秋千上跌落，下巴恰巧磕到地面上突起的一块石头上，到医院后伤口缝了 6 针，足足 1 个月才痊愈。之后再看到那架秋千，她想过去荡秋千之前会看着我，眼神仿佛在说：“你相信我吗？”我忍住心里的担心，看着她走向那架让她跌落缝针的秋千，紧张感让我喉咙发干。她坐上去，又一次高高荡起了秋千。那一刻，我想到了宝宝出生后学走路，不管摔倒多少次都会站起来毫无畏惧地继续走，但是孩子是从什么时候开始不敢迈步，丢失了信心的呢？

“你真笨”“真没用”，一遍又一遍，像锤子砸下，孩子会晕头转向，糊里糊涂就相信“我真笨”“真没用”，时间久了，不用别人挥动“锤子”，孩子也会自我暗示，“我永远也没有办法满足别人的期待”。

你希望从孩子头顶上拿走的“锤子”有哪些？请在下方的表格中将它们画掉。当这些“锤子”被拿走后，不再受打击的孩子会发生什么改变？

笨	马虎	粗心	没耐心
太不懂事	败家	三分钟热度	脾气大
废物	什么都不会	不如别人	胆小
不孝	扫把星	太脆弱	没毅力
不专注	没正形	白眼狼	叛逆

女儿转学后特别不爱写作业，我知道，这是她还没有适应新环境，“为什么别人会而我不会”的困扰一遍又一遍“砸”得她没有信心。这时，如果我和孩子爸爸再“补刀”，“你看看人家怎么会

写”“这有什么难的”，她就更没有自信了。

一天，我拿起一个皮球往地上拍了拍，然后问女儿：“你看拍皮球像不像你转学到一个新环境？假如你是这个皮球，现在你的高度在哪？是在最低点吗？”

女儿认真琢磨了一下，回答我说：“还没到最低点。”

“那我们一起看看如果到达最低点会发生什么吧。”

“估计我会不想交作业。”

女儿有不爱写作业的畏难、有不想交作业的恐惧、有面对各种评价的难过，但当我帮她拿走“锤子”后，从第二个月开始，女儿的学习状态开始慢慢弹回来。所以当孩子头上的“锤子”被拿走后，没有负能量的干扰，孩子就会愿意做；因为愿意做，所以能做到，因为能做到并得到肯定，就会坚持做，如此下去成了一个正循环。如果在愿意做这个环节就被“锤子”砸晕了，就像跑步时站在起跑线上但被四周的起哄声影响，还没起跑，心已经乱了。

找到最想做的一件事坚持

看看别人家孩子，再看看自己的孩子，差距太大。自家孩子做什么都没耐心、不专注，摊上这样一个让人操心的孩子，怎么办？

为什么有的孩子做事能坚持，而有的孩子却不能坚持呢？

美国心理学家托马斯和儿童心理学家切斯从 1956 年开始，对 141 名儿童进行了长达 14 年的追踪研究，把孩子的先天气质从 9 个维度进行了归类。

活动水平：睡眠、进食、穿衣、游戏等过程中身体活动的次数	好动	安静
规律性：吃、喝、睡、醒、大小便等生理机能活动是否有一定规律	有规律	不规律

分心性：外界无关刺激对其正在进行中的行为的干扰程度	易分心	不易分心
趋避性：对新刺激主动接近还是退缩	接近新事物	逃避新事物
适应性：对新环境适应的快慢	快	慢
坚持性：集中进行某项活动的时间	长	短
反应强度：对外界做出反应的态度	强烈	温和
敏感度：引起反应所需的刺激的强度	高	低
情绪质量：积极情绪与消极情绪相比较的质量	积极	消极

你的孩子先天气质中9个维度的表现是什么？当你看到这些结果时，你发现了什么？

我的两个孩子在9个维度上绝大多数表现完全相反，比如，姐姐见到陌生人总是会躲避，而弟弟会一下子冲上前去；姐姐不用训练，专注力就能保持很长时间，而弟弟哪怕窗外发出特别轻微的声音，也会放下眼前的事情去一探究竟。

创办幼儿园之前，我只看到自己孩子身上的问题。创办幼儿园之后，通过和几百个孩子朝夕相处，让我明白孩子与生俱来的天赋不用培养，只需要顺势引导。

142

让孩子坚持所有的事，还是选一件事让孩子坚持？

这个问题的答案决定了孩子是否能坚持。不是做越多的事就越可以让孩子坚持到底。其实做减法，一个使命，一心执着，更能让孩子取得最终成就。

问问孩子，他最想坚持做的一件事是什么？他愿意为此学习哪些知识和技能来实现理想呢？当找到真正热爱的事业，哪个人会不爱学习进取呢？

请记录下孩子最想坚持的一件事，不管他选的是哪件，问问他愿意为这件事学习哪些相关知识，并记录下来。

最想坚持的一件事

为此想学的知识 1

为此想学的知识 2

为此想学的知识 3

为此想学的知识 4

为此想学的知识 5

用输出倒逼输入

孩子玩心太大，心里总惦记着玩，要是能把玩的劲头放在学习上就好了。说又说不得，打骂更叛逆，到底怎样才能让孩子好好学习、天天向上呢？

美国脑科学及早期语言专家帕特里夏·库尔研究发现，刚出生的孩子具有分辨语言中微妙差别的能力，而 1 岁前是孩子分辨语言中微妙差别的敏感期。大多数孩子不到 1 岁就开始咿呀学语，1 岁之后开始组词造句，既没学过语法，也没背过单词，为什么婴幼儿可以轻而易举地学会母语呢？

因为一个还在咿呀学语的孩子是不会理会他人评价的，他只是在不停输出，就这样学会了说话。一旦学到的东西能输出，就会不断进步。心理学家比约克夫妇研究发现，在提取某项记忆时越费力气，此项记忆的提取能力与储存能力提升得越高。从脑科学角度来说，“学霸”只是拥有了比其他人更多的神经通路。幸运的是，每个人都能够通过“输出”塑造出更多的神经通路。

在我创办的幼儿园里，没有采取同龄分班，而是采取混龄分班，让大孩子变成小老师，并形成了良性循环。即当输出的时候，倒逼学习者成为老师，讲着讲着，马上就能发现哪儿卡住了，讲不下去了。输出的好处不仅在于记得更牢，最重要的是学以致用，能把学到的 A 知识灵活应用到 B 领域，再延展到 C 领域，达到触类旁通、融会贯通、举一反三。

可能有人会问，我们家的小孩哪有机会假装当老师讲课？其实，你可以让孩子将所学到的东西讲给任何人听，比如家人、小伙伴，甚至洋娃娃。你也可以在短视频平台开一个自媒体账号。这样孩子每天都会琢磨：我所学的这些知识，它能用在什么地方？还能用到什么地方？有没有不能用的地方？

知识是靠“输出”学以致用，不是靠“输入”死记硬背。用“输出”倒逼“输入”，把新知识不断讲给别人听，把知识和现实结合起来，进行再加工，内化成自己的新知识。

英国纽卡斯尔大学教授苏伽特·米特拉，2013 年在 TED 演讲中分享了他的“墙中洞”街头实验。1999 年，他在印度的贫民窟街上的墙中挖了一个洞，里面装了一台可以上网的英文操作系统的电脑，没有指导手册，也没有老师在旁边教。贫民窟的孩子不会英语，竟然靠自己学会了上网！其中一个孩子叫拉津德，他的父亲是泥瓦匠，刚开始他看到电脑屏幕上的箭头因为自己的手移动后，吓了一跳，但好奇心驱使他继续捣鼓，竟然找到了一首印地语儿歌，他欣喜若狂，开始教其他的孩子怎么用电脑上网。苏伽特在南非、柬埔寨重复做这个实验，无一例外得到同样的结果，没有老师教，学习照样可以进行。

以教促学才是最高效的学习方式。第一步，选择一个你想要学的知识点；第二步，设想场景，你用最通俗的语言向别人讲解这个知识点；第三步，如果卡住了，查找学习资料，从第二步开始重新来。唐代文学家白居易每每作诗，都会找来邻居老人为她吟诵一遍，如果老人听得懂，说明自己的新诗成了。

所谓教育，是忘记了在学校学习的全部内容后剩下的本领。人的大脑能够存储大量的理论知识，但常常无法分辨何时该使用它们，因此大部分理论知识就变成了惰性知识。而靠输出让孩子假装当老师，有利于激发孩子的学习兴趣。

找到“镜像”人物学习

孩子为什么不争气？“爸爸妈妈就指望你有出息了，别像爸爸妈妈当年一样不好好学习。好好学习，才能改变命运，记住了吗？”

父母苦口婆心地劝孩子好好学习，结果往往事与愿违。我接待过一位妈妈，她很担心孩子入园后的吃饭问题，因为孩子在家吃饭时会把饭粒弄得到处都是。但奇怪的是，孩子入园后，老师没有发现孩子像妈妈说的那样把饭弄得到处都是。幼儿园里难道有魔法吗？在一次进班观察后，孩子的妈妈终于找到了答案：孩子在幼儿园吃饭时，老师和其他同学都是慢慢拿、轻轻放，少量多次地取，孩子在这样的环境中，不自觉地就跟着其他人一起养成了好好吃饭的习惯。

20 世纪末，意大利帕尔马大学研究者首先发现猴脑中存在一种特殊神经元，使其看到别的猴子做动作时也会兴奋地跟着模仿，研究人员将其称为镜像神经元。随着研究的深入，人脑中也发现了镜像神经元，人类不仅能够感知动作，还有情绪和意图，就像大脑中有一面魔镜。所以，爸爸妈妈是一面镜子，孩子是照镜子的人。如果每天镜子映出来的是爱学习的爸爸妈妈，孩子怎么可能厌学呢？

麻省理工学院近期的研究表明，影响孩子大脑发育的不仅是词汇量，更重要的是父母与孩子的聊天方式。孩子愿意与父母聊天，聊天次数越多，大脑中语言区域相关的活动越活跃。

如果一个孩子生活在批评之中，他就学会了谴责和沉默；如果一个孩子生活在敌意之中，他就学会了争斗和报复。心理学家科胡特说，父母是什么人比他们做什么要重要。孩子和大人一样注定是一辈子从社交关系中学习的人，这就是孟母三迁的原因，因为孟母希望孟子脑中的镜像神经元映出的都是好的人物形象，更希望自己可以帮助孩子找到这些人物形象。

想想孩子身边哪些人可以成为他的镜像，这些人既可以是父母、老师，也可以是孩子的同龄人。写出你希望孩子从他们身上学到什么。

人物

希望孩子从他（她）身上学到什么

Chapter 8

孩子喜欢和父母对着干怎么办

“你不想学，我也爱你”

孩子不听话、叛逆，让父母头疼不已。不管是学习还是生活，让他做什么都喜欢和你对着干，每天捧着手机玩游戏，怎么说都不听。他怎么这么不领情呢？太让父母寒心了。

只有答应去医院拔牙才能买心爱的玩具，只有吃完盘子里所有的青菜才能吃到爱吃的肉菜，只有停止哭泣才能回房间，只有考100分假期才能出去玩……必须先做到一件事，才能实现愿望，这是父母最常用的让孩子听话的策略。用一根“胡萝卜”吸引孩子上钩，如果你想吃到“胡萝卜”，没问题，那么你必须先做到什么，如果做不到，“胡萝卜”就没了。如果你是孩子，在你非常想得到“胡萝卜”的情况下，你会怎么选？

Ⓐ 假装听话，吃到“胡萝卜”。

Ⓑ 宁死不从，趁父母不注意，偷吃“胡萝卜”。

不管选 A 选项还是 B 选项，都没有办法长期让孩子心甘情愿地做事。一种情况是孩子可能学会讨价还价，把“小胡萝卜”换成“大胡萝卜”，上演一场斤斤计较的亲子谈判；另一种情况是，孩子会因接连被耍而愤怒，“胡萝卜”连同大人的信誉一起失去诱惑力。

“再玩手机，就没收了。”“再玩，就别吃饭了。”“再不好好学，就不带你出去玩了。”用“大棒”恐吓，希望孩子乖乖听话，如果你是孩子，你会怎么选？

Ⓐ 因为害怕，不得不听话。

Ⓑ 威胁听多了就不怕了，更不听话。

“胡萝卜”加“大棒”在孩子身上轮番使用，就是赤裸裸的心理控制，尤其是以爱之名：“你再不听话，我就不爱你了。”“最好的都给了你，你不表现得乖一点儿，你对得起我们的付出吗？”德国家庭治疗大师海灵格曾说过，付出的时候，就会觉得有权利；接受的时候，就会感到有义务。

心理学家斯科特·派克在《少有人走的路》一书中说，真正成熟的爱，不是牺牲，也不是依赖。父母不能靠孩子的学习成绩来证明自己的价值，也不能让孩子来背负自己这辈子没有实现的梦想。一个身体只能承受一个灵魂，如果父母和孩子之间不再是血浓于水的至爱亲情，而是赤裸裸的利益交换，孩子就会弄丢自己。

“如果你不想学，我也爱你，你在妈妈心里永远都是好孩子。”我会和女儿这么说。她躺在我怀里，看着我的眼神从最初的惶恐、难以置信，再到半信半疑，最终变成笃定。那一刻，我知道，无论顺境还是逆境，只要有爱，孩子即使摔倒也会自己站起来，只要有这份笃定，再疼的伤口也会被抚平，再大的困难也会被克服。

孩子听完容易对着干的话	“翻译”成孩子能感受到爱的话
你不好好学习，长大就没出息。	如果你不想学，我也爱你。
再不写作业我就揍你。	你永远都是妈妈的好孩子，我爱你。
考这么点儿分，丢不丢人？	不管你考多少分，我都爱你。
就你这德行，没人会喜欢你。	不管别人怎么看你，我都爱你。

设立鼓励箱

孩子放假了，早上不起床、晚上不睡觉，作息时间安排得特别混乱，假期作业也不写，坐在沙发上吃零食、玩游戏。别人家的孩子在假期忙着“充电”，自己的孩子却存心和我作对，就是不上进，怎么办？

当父母内心闪过“孩子存心和我对着干”的想法时，就已经带上强烈的好恶暗示情绪，就会不自觉在记忆中搜寻相关线索。但是你知道吗，“你真的是在和我作对”这样的思维定式会让孩子越来越不听话。

想想孩子是从什么时候开始学会和父母作对的呢？

发展心理学家马丁·霍夫曼研究发现，每隔 6 ~ 9 分钟，孩子可能就会因行为不当被父母训斥。作为孩子的父母，回想一下自己的童年，在没有被父母训斥或冤枉之前，谁想和自己最爱的爸爸妈妈作对呢？

如果真的有这样的孩子，他非常听你的话，你什么话他都照着做，让他做什么就做什么，这样的孩子长大后会变成什么样子呢？

如果女儿不喜欢穿裙子，我该怎么面对？如果儿子不喜欢安静待着，我该怎么引导？接受孩子和自己不一样还能同样爱他，是为人父母最难的一关。孩子不是不听话，他们只是有不同想法。如果没有爱，只要求孩子顺从，会让孩子离我们原来越远。

放弃让孩子听话的幻想，才能有与孩子“合作”的机会。关系就是一切，如果没有走入“你心”的关系，再“为你好”的“我心”也无法到达。从创办幼儿园开始，在招聘老师时，我更看重老师和孩子建立关系的能力。面试老师的时候，我会找来几个孩子，看老师能不能很快靠近和融入他们。没有办法和孩子迅速建立关系的老师就算专业能力再强，孩子也会敬而远之。

一个让孩子爱得心服口服的家长怎么可能会有一个无比叛逆的孩子呢？没有在“合作”关系上花任何心思的父母只在学习上替孩子操心，最后也不会有期望的好结果。这才是可怜天下父母心，用错了力气，伤心的不只是自己，还有孩子。

在“合作”关系上花心思，只需要一些生活中朴素得不能再朴素的仪式，比如写一张只有几个字的纸条。在没有尝试之前，我也不太相信这些纸条能起多大的作用，但就在写这段文字时，我收到了一个用草莓和苹果摆成心形的果盘，以及一张写有“妈妈我爱你”的纸条，这是女儿在模仿我的样子做。

花心思与孩子建立关系，只需三步。

第一步，在孩子和你心情好的时候，拉着他神秘地说，妈妈要给你一个惊喜。

第二步，带孩子找一个可以放纸条的盒子做成鼓励箱，放在孩子最喜欢的地方。切记，不是父母喜欢而是孩子喜欢的任何地方。

第三步，全家人写一张鼓励的纸条放在鼓励箱里，可以是来自爸爸的一句“我爱你，宝贝”，也可以是来自家里老人的一句“谢谢你帮助我洗菜”。不在乎辞藻华丽，在乎的是纸条内容是不是细心捕捉、值得表达爱意和谢意的小得不能再小的生活细节。

为什么非要兴师动众地设置鼓励箱呢？不能直接和孩子说吗？这样不麻烦吗？神神秘秘写下的纸条到底意义何在呢？

快节奏的生活让父母一张嘴和孩子说话就急于表达不满和期待，“你怎么还不去写作业”常常脱口而出，替代了本来想说的那句“我爱你”，孩子因此感受到巨大的压力而非满满的善意。只有写出来，才能让我们真正想和孩子说的心里话静静流淌出来，只有冷静下来才有心与脑连接后浮现的爱和感谢。我也做不到对孩子说的每一句话都能平静而克制，但在我拿出笔写下想对孩子说的话的那一刻，从心而发的爱就会不自觉地顺着笔尖涌出来。孩子心里装满了爱，就不可能存心和他爱的爸爸妈妈作对，所有的作对行为，都是对爱的寻觅和控诉。当爱已到达孩子的心里，不再存疑，你就再也找不到那个叛逆无比的孩子了，不信你试一试！

写下妈妈想对孩子说的话

写下爸爸想对孩子说的话

写下爷爷奶奶想对孩子说的话

写下姥姥姥爷想对孩子说的话

*确保写有这些话的纸条放在孩子挑选准备好的鼓励箱中。

160

看到孩子的优点

孩子嫉妒心太强，看到其他人比自己棒，总是容易心生嫉妒，容易有挫败感，怎么办？

女儿班里有位同学英语说得特别好，女儿觉得“他说得那么好，我怎么努力也赶不上”。如果我毫无察觉，一个劲儿催她赶快写作业、背单词、背课文，而她满脑袋想的都是别人做得多好，自己怎么都追不上，会发生什么呢？

看人优点是“聚灵”，看人毛病是“收赃”。不是孩子本身的问题，而是大人看问题的角度需要转变。再难看的景点换个角度看，也会发现它的美。

著名教育学家陶行知曾说过：“在你的教鞭下有瓦特，在你的冷眼里有牛顿，在你的讥笑中有爱迪生。”

“别的同学英语说得比你好，但我发现你的汉字写得特别端正，横平竖直，我猜你写这些汉字时一定很认真。”当我把女儿的这个优点放大到女儿面前，让她看到了自己也拥有最棒的独特点，她就有了信心的支点，早晚会撬动英语口语不太好这块短板。

人没有足够的脑容量来处理全部的外部信息，所以注意力的过滤机制让我们只愿意接收自己愿意接收的信息。孩子看不到自己的优点，是因为代表优点的信息被过滤掉了。父母需要将注意力转移到自己的孩子身上，看到他具体做了哪些努力，并将努力的过程用“放大镜”放大给孩子看。

在我创办的幼儿园里，老师会让孩子们在一张白纸上画一个大大的自己——孩子以任意喜欢的姿势躺上去，老师用水彩笔在这张大纸上就着孩子喜欢的姿势画下孩子的轮廓，然后让孩子们写上自己的名字，自己去设计这个轮廓里的眼睛、手放在哪里。老师把它们贴到教室墙上，每当发现孩子看似不起眼的生活细节时，都立刻把孩子的优点记在对应的画纸上。注意，优点不是结果，而是孩子一个不起眼的行为。“我注意到了，你今天把餐盘放回了柜子里”“我注意到了，你今天把掉在地上的绘本捡起来了”……当大人的记录行为成为一种习惯，孩子“发现”自己的优点也会成为习惯。

我把老师们经常对孩子说的话记录下了一些，请你参照，并想想你最想对你的孩子说哪些话。

1. 你走得很稳。

2. 你把托盘端得很稳。

3. 我看到你自己走上了学步桥，又自己走下来。

4. 感谢你帮助小朋友把东西归位。

5. 我相信你可以的，再试一试。

6. 我听到了你用友善的语言来表达自己的想法。

7. 我相信你一定可以想出更好的办法来解决这个问题。

8. 你很快就掌握了这个新的技能，你一定也很开心。

9. 你用了一个新方法来给小汽车排队。

10. 你很快就记住了这些物品的名称。

心理学家阿德勒在咨询室的墙上写了三句话——“我很可怜”“别人很可恶”“怎么办”。每次有人来他的咨询室，他都会用这三句话问患者:“你选择谈什么呢？”同样，在孩子面前，我们选择谈什么呢?

培养界限意识

孩子不像小时候那么听话了，最近说什么他都要顶嘴，有时候还故意挑衅，把屁股扭过来，做着鬼脸说：“你打我呀！”气得人牙痒痒，怎么办？

父母夸孩子时，最常用的两个词是“听话”和“孝顺”；父母批评孩子时，最常用的词是“不听话”和“不孝顺”。可见听话与否成了孩子好不好的标志。

为什么当孩子不听话时，父母就受不了？

心理学上有一个非常有意思的概念叫自恋。如果父母坚持自己的想法，不问孩子的意见，也不等孩子的回复，在亲子互动中完全以自我为中心，从不关注孩子的想法，就会让脆弱的自我崩溃。

中国家庭严重缺失界限教育，亲人之间没有界限，容易造成“因为你是我的孩子，所以要为我的焦虑负责”。如果冒出自己的想法，就会被贴上“不听话”的标签。

如果孩子一直听话，长大后会有什么结果？

Ⓐ 成长为独立自主、对社会有贡献的人。

Ⓑ 经常把“我妈说”挂在嘴边，成为“妈宝男”或“妈宝女”。

Ⓒ 成为离不开父母的“啃老族”。

父母以为的小事，也许是孩子心理发育过程中的大事。宝宝刚学会说话，最愿意说“不”来树立孩子作为个体的第一个界限。“你为什么不听我的呢，为什么不按照我说的来？”如果爱孩子是为了控制他，让他一切按照你说的来，一点儿小事就上升到“听不听话”这个高度，以爱之名入侵他的内心，爱就变成了幌子，是为了让对方无条件听你的。孩子长大后也会用同样方式对待其他人，对入侵别人毫无察觉。

一个没有界限意识的孩子，长大后会变得怎样？

Ⓐ“你的东西和身体我可以随意入侵”的残忍。

Ⓑ“我不要你觉得，我要我觉得”的霸道。

Ⓒ“总会有人替我摆平一切”的愚昧。

界限教育不是培养一个不孝的孩子，而是告诉孩子这个世界上你可以有自己的想法；同样，世界也不是只围着你转。界限不是为了防守，要把对方挡在你的世界之外，而是为了在界限所及的范围内让彼此感受到适度的温暖。

纪伯伦在一首诗中这样说：你的儿女，其实不是你的儿女，他们是生命对于自身渴望而诞生的孩子。他们借助你来到这世界，却非因你而来。你能给予孩子你的爱，而不是输入你的思想！

Chapter 9

孩子脾气大怎么办

让“情绪集装箱”安全靠岸

孩子写作业时，遇到不会的题就自己跟自己较劲，要起脾气来没完没了。一陪孩子学习，我就血压升高，为什么我的孩子总是耍脾气？

当孩子发脾气时，原因可能是什么？

Ⓐ 孩子存心不想好好学习。

Ⓑ 孩子就是想当差生。

Ⓒ 孩子存心气家长。

如果你选择了以上 3 个选项中的任何一项，证明你不了解你的孩子。

没有一个孩子存心想当差生，如果有机会听孩子“吐槽”，让孩子讲讲为什么发脾气，不要只听孩子讲的字面意思，更要了解他情绪背后的需求。

当孩子发脾气时，要识别他情绪背后的需求是什么。

“妈妈，我不想写作业。”我的女儿也无数次说过这句话。如果我被这句话的字面意思蒙蔽住了，就会立刻进入血压高的状态：“这么点儿大的孩子想造反了不成，不学习能有什么出息？”结果就是孩子把心里话憋回去了。

我会和女儿沟通：“写作业让你有什么感受呢？”

“生气！”

“都有哪些事让你很生气呢？讲 10 件让你生气的事，咱们掰着手指头数一数。”

“第一，我很生气，今天你接我放学时来晚了，我一个人很孤单；第二，我很生气，我今天丢了好不容易才买到的最喜欢的橡皮；第三，我很生气，因为弟弟总是在我写作业时进来打扰我；第四，我很生气，因为我今天举手回答问题时回答错了；第五，我很生气，因为我的裤子裤腿太瘦，坐着不舒服；第六，我很生气，因为我的语文书落在学校了；第七，我很生气，因为我不小心把水洒到作业本上了。”

女儿一口气说了 7 件让她很生气的事，但紧锁的眉头开始有了一丝松动。

我继续问她:"还有吗?"

"没有了。"

"你确定?你还可以再说3件。"

"真的没有了。"

"你现在感觉怎么样?"

"好一些了。"

很多爸爸妈妈听到我讲这些,都忍不住说你也太惯孩子了,不是浪费时间吗?

孩子倾吐完之后,发现虽然她有这么多"不对"的想法,但爸爸妈妈还是爱着他,可以听她讲任何想讲的话,会感受到温暖。

我和许多孩子一起做过测试,没有哪个孩子能用完我给他的10次"吐槽"机会。孩子只想被看见、被听见,而不是打着爱的旗号的责骂。孩子在语言上充分释放,才不会在行动上任性较劲。

情绪集装箱（听孩子讲，只记录，不打断）

1

2

3

4

5

6

7

8

9

10

和孩子谈“情”说“爱”

孩子经常因为一点点小事发脾气，怎么哄也没有用，真是软硬不吃。父母不理他，他也一直闹个不停。脾气一上来什么作业也不做，还摔东西、打人，越劝越糟糕，更别提让他提高学习效率了。这么小的孩子脾气就这么大，长大可怎么办？

当孩子“暴脾气”上来时，你更愿意和孩子如何交流？

Ⓐ 讲道理。

Ⓑ 谈感受。

美国著名社会心理学家乔纳森·海特把理智驾驭情感比喻成人在骑象，看起来人很有力量，高高在上，但是一旦大象想往左，人往往无法往右。我们给孩子讲的大道理像猝不及防的冰雹从天而降，砸到孩子的头上，也砸到了大象身上，大象很害怕，带着人惊慌逃窜，引发事故，孩子也失去了控制感，觉得无法驾驭这头大象。但只要能摸着象鼻子轻轻问一问感受，大象就会安静下来。

当孩子发脾气时，你愿意用以下哪些话和他沟通？

A 我知道你很难过，我会在这儿陪你。

B 我也不知道你为什么哭，我会在这里陪你哭完。

C 你磕到头了，一定很疼吧。

D 等你准备好了再说，妈妈一直愿意听。

E 不管你是不是在发脾气，我都爱你。

F 我知道你想做好孩子，我一直知道。

G 我看得出来，你真的非常生气。

H 妈妈知道，你现在特别伤心。

I 你想哭就哭吧，没关系的。

缓解孩子暴脾气最好的方法，就是和他谈“情”说“爱”，谈孩子的情绪，说我们对他的爱。就像调收音机的频道，频道对了，你就能接收到孩子的信号。孩子发脾气的背后都有一个底层的需求，也许方式不对，但是没有人可以否定一个孩子作为人的需求。

在谈“情”说“爱”的频道里，如果你问孩子：“你想不想说说这种感受是什么颜色的，是蓝色、绿色还是黑色？”会收到孩子的回应，孩子的情绪会逐渐平和。

在谈“情”说“爱”的过程中，如果你说：“妈妈有多爱你？像大海一样深，像椰子树一样高，像棒棒糖一样甜。”会收到孩子的回应，孩子的坏情绪会被爱慢慢融化，变得春暖花开。

我见过很多暴脾气的孩子，只要与他们谈“情”说“爱”，最多十几分钟，一定能平静下来。

你也许会想，凭什么要和孩子谈“情”说“爱”？上一天班累死了，哪有时间？当你脑海中冒出“凭什么”这个念头时，你的童年极有可能是缺失父母和你谈“情”说“爱”的这个环节。这种习惯不自觉地传给下一代，这是我们意识到后要努力改变的。

我们很少看到中国父母亲吻放学回家的孩子、拥抱放假回家的成年子女。我们喜欢把“打是亲、骂是爱”挂在嘴边，却从来不愿和孩子谈“情”说“爱”。

请记录你和孩子一天的情绪变化并做成曲线图。对比两条曲线的走势，你发现有哪些重合点呢？

父母情绪变化	6点	8点	10点	12点	14点	16点	18点	20点	22点
兴高采烈 +3									
愉悦快乐 +2									
感觉不错 +1									
平平常常 0									
感觉欠佳 -1									
伤心难过 -2									
焦虑沮丧 -3									

孩子情绪变化	6点	8点	10点	12点	14点	16点	18点	20点	22点
兴高采烈 +3									
愉悦快乐 +2									
感觉不错 +1									
平平常常 0									
感觉欠佳 -1									
伤心难过 -2									
焦虑沮丧 -3									

停止语言伤害

公公婆婆白天帮我们带孩子，孩子在几个大人之间来回钻空子，家庭氛围紧张得不行，怎么办？

和老人或另一半在关于带孩子的事情上发生矛盾时，我们通常会使用语言沟通的方式来解决。但语言沟通真的是最好的沟通方式吗？《非暴力沟通》的作者马歇尔·卢森堡提醒我们，没有人认为自己的谈话方式是暴力的，但它确实引发自己和他人的痛苦。

为什么一沟通就容易吵架呢？不管对家人还是对孩子来说，最直接的伤害往往来自最爱的人的语言伤害。我们容易犯的一个错误就是，对别人言语平和、态度友善，而对最亲近的人言语刻薄。

“有你这么当爸爸的吗？”“你是怎么看孩子的？”我就没见过你这么笨的孩子！”……一句句话就像刀子一样插在至亲至爱的

人身上。哈佛大学医学院马丁·泰彻博士发现，语言暴力最容易影响大脑负责管理情绪和决策的前额叶。美国密歇根大学的伊森·克罗斯博士研究发现，遭受语言暴力的人情绪疼痛和身体疼痛在大脑区域的反应极为相似，几乎等同于相同级别神经系统的疼痛。

美国社会语言学家、传播学家艾伯特·梅拉比安研究发现，人与人沟通时，语言的影响力只占 7%，语气语调占 38%，而身体姿势占 55%，即 93% 的影响力来自非语言。

美国家庭治疗师弗吉尼亚·萨提亚说，人与人之间一天只要 4 个拥抱就能让关系存活，8 个拥抱就能维持良好的关系，12 个拥抱就能让关系成长。所以没有什么是一个拥抱解决不了的问题。

当孩子不可理喻、撒泼打滚时，你试着什么都不说，而是含情脉脉地看着他，然后给他一个拥抱，他会迅速冷静下来。抱抱孩子，感受孩子因为害怕而僵硬的身体，胜过千言万语。不仅是亲子关系，其他家庭关系中最容易让人忽略的也是非语言。抱一抱和我们在育儿理念上有分歧的老人，用肢体的紧紧环绕表达“谢谢你帮我们照顾孩子”的感恩，认真亲一亲在家照顾孩子的爱人，一边亲，心里一边说“我爱你”。

对于孩子而言，每一次家庭中大人之间的冲突，即使对孩子避而不谈，孩子也能感受到。在孩子身上都有家庭关系的影子，父母怎么对待身边人，孩子未来就怎么对待他人和社会。

	孩子发脾气的表现形式	使用的非语言形式	孩子反馈
1			
2			
3			

	夫妻吵架的原因	使用的非语言形式	对方反馈
1			
2			
3			

找到归属感和价值感

请回答以下 3 个问题，并将得分相加。

1．孩子穿袜子时，左脚和右脚穿了不一样的袜子，你会怎么做？

Ⓐ 立马纠正，不换上相同样式的袜子不让出门。

Ⓑ 耐心劝导，直到孩子换上相同样式的袜子。

Ⓒ 不停提醒，这样穿不对。

Ⓓ 随他去，他有自己的审美。

2．孩子马上就要考试了，同学打电话约他出去玩，你会怎么做？

Ⓐ 绝对不允许。

Ⓑ 让孩子必须复习完考试内容才能出去。

Ⓒ 限定孩子只能玩半小时，过后马上回来复习。

Ⓓ 认为孩子不复习也行。

3. 孩子即将高考，你希望他报考医学专业，可孩子对哲学感兴趣，想报考哲学专业，你会怎么做？

Ⓐ 替孩子做决定。

Ⓑ 找熟人说服孩子。

Ⓒ 虽然不同意，但还是妥协了。

Ⓓ 不施加任何压力，尊重孩子自己的选择。

A、B、C、D 选项所代表的分值分别为 3、2、1、0。得分 6 ~ 9 分，代表你对孩子有极强的控制欲，常把想法强加给孩子，总是喜欢对孩子说“你应该”；得分 3 ~ 5 分，代表你对孩子有较强的控制欲，对孩子说教比较多。分数越高，孩子闹脾气的概率越大，也就是说父母越替孩子做决定，孩子越有可能脾气大。

在一些父母眼中，孩子总是有各种各样的问题，因为他们不成熟，不相信孩子作为独立个体的判断能力，因此夺走了孩子驶向未来的“方向盘”。心理学家阿德勒说，人终其一生都在寻找价值感和归属感。所以被夺走“方向盘”的孩子既没有归属感，也没有价值感。

归属感是对爱的需要：爸爸妈妈，你们爱我吗？当我和你们想法不一样时，你们还爱不爱我？当我犯错时，我值不值得被你们爱？

价值感是重要的需要：爸爸妈妈，我对你们来说重要吗？是我的想法重要，还是你们的想法更重要？如果我做了你们不喜欢的事，我还是不是你们心里最重要的那个人？

美国加州大学伯克利分校发展心理学教授约翰·沃森曾经做过这样一组实验，让A组的宝宝枕在特殊的枕头上，宝宝一枕上，床头挂着的玩偶就会旋转；B组的宝宝不管是否枕在枕头上，床头挂着的玩偶都会旋转；C组的宝宝床头的玩偶是静态的。猜一猜，哪一组宝宝的情绪会更好一些？

研究发现，A组宝宝情绪更好，因为A组宝宝感受到强烈的价值感：我是一个有能力的人，即便我只有2个月大。

所有育儿问题都藏在“归属价值”这四个字里，缺失了归属感和价值感的家庭教育让孩子感受不到爱。没有了归属感和价值感，亲子关系就会破裂。

出了问题的孩子，往往都是在家庭中找不到归属感和价值感，才走上了歪路。

在孩子最不值得被爱的时候，去爱；在孩子觉得自己最没有价值的时候，告诉他“你对我很重要”，不仅能救孩子一时，更能救孩子一生。不管孩子犯了多么严重的错误，当他笃定自己仍然被父母爱着，就一定能改正；当他确信，他对父母非常重要，别人无法替代，他怎么可能不奋起直追？

归属感和价值感，决定孩子的未来。

让归属感住进孩子的心里，让他的价值在家庭里被重视，让他有机会体验做事的成就感，让他有机会表达自己的勇气。

在他最不可爱的时候，你最爱他；在他最没有价值感的时候，你帮他找到人生价值。人心所向，归属价值。做孩子在这个世界上最稳定的靠山吧！